"中国STEM教育2029行动计划"2018年度课题"小学阶段STEM教育的研究与实践"（课题批准号：2018STEM048）、山东省教育科学"十四五"规划2021年度一般自筹课题"义务教育阶段STEM课程深度开发研究"（课题批准号：2021ZC302）研究成果

小学阶段STEM教育的研究与实践

李百军　王成义　孟庆福　主编

中国石油大学出版社

山东·青岛

图书在版编目(CIP)数据

小学阶段 STEM 教育的研究与实践 / 李百军,王成义,孟庆福主编. -- 青岛：中国石油大学出版社,2024.
10. -- ISBN 978-7-5636-7270-7

Ⅰ. G623.62

中国国家版本馆 CIP 数据核字第 20249FY052 号

书　　名：小学阶段 STEM 教育的研究与实践
　　　　　XIAOXUE JIEDUAN STEM JIAOYU DE YANJIU YU SHIJIAN
主　　编：李百军　王成义　孟庆福
责任编辑：高建华　朱纪寒（电话　0532-86981536）
封面设计：赵志勇
出 版 者：中国石油大学出版社
　　　　　（地址：山东省青岛市黄岛区长江西路 66 号　邮编：266580）
网　　址：http://cbs.upc.edu.cn
电子邮箱：gaojianhua6@163.com
排 版 者：胡俊祥
印 刷 者：沂南县汇丰印刷有限公司
发 行 者：中国石油大学出版社（电话　0532-86983437）
开　　本：710 mm×1 000 mm　1/16
印　　张：12
字　　数：218 千字
版印次：2024 年 10 月第 1 版　2024 年 10 月第 1 次印刷
书　　号：ISBN 978-7-5636-7270-7
定　　价：56.00 元

编委会

主　编　李百军　王成义　孟庆福

副主编　刘文晓　陈永昌　李建新　段　伟
　　　　　李瑞江　毕德林　王　鹏

编　者（按姓氏笔画排序）
　　　　　王　峰　尹文睿　艾买提艾力·马木提
　　　　　古再努尔·阿布都热衣木　朱艳光
　　　　　刘亚伟　孙曰文　孙明霞　孙继玉
　　　　　张红云　张和英　林　芳　周建红
　　　　　赵建永　徐作华

PREFACE / 序

党的二十大报告中指出,"教育、科技、人才是全面建设社会主义现代化国家的基础性、战略性支撑",强调"全面提高人才自主培养质量,着力造就拔尖创新人才"。如何改变传统教育教学模式,培养具有创新思维和实践能力的人才,是摆在我们教育工作者面前的一个时代命题。

STEM教育作为一种跨学科融合的综合教育模式,在培养学生动手实践创新能力、提升学生综合素质、发展学生核心素养方面得到了世界范围内教育界的广泛认可,成为全球教育改革的重要方向。近些年来,在中国教育科学研究院STEM教育研究中心的大力推动下,越来越多的中小学校尝试开展STEM教育,注重培养学生的创新意识和创新能力,以适应现代化强国建设对创新人才的需要。

李百军老师作为"中国STEM教育2029行动计划"首批课题的研究者,自2018年来,主持或参与了多项有关中小学STEM教育的课题研究和实践探索,发表了多篇有关STEM教育的论文,开发并实施了系列具有STEM教育特征的典型案例,培养了一批"种子教师",构建了课程资源库,对于带动、引领和示范区域STEM教育的开展起到了积极的推动作用。现研究团队将把近年来的主要研究成果梳理成册,这不仅是对STEM教育阶段性研究成果的总结,还是教育教学变革和创新的一次深刻探索,将为更多基础教育工作者提供可借鉴、可复制的STEM教育范式和路径。

第一,内容上注重理论研究与课程实践相结合。本书在梳理国内外STEM教育研究理论的基础上,紧密结合我国小学教育的实际情况,提出了切实可行的STEM教育实施策略。本书既有理论高度,又有实践深度,便于基础教育工作者更好地理解STEM教育的内涵、价值和意义。

第二,设计上注重条块清晰与简洁明了相结合。本书以STEM教育、跨学科主题学习、项目化学习、跨学科学习典型案例设计为研究重点，对"什么是STEM教育""为什么开展STEM教育"和"如何开展STEM教育"都给出了很好的回答。全书内容精炼，结构清晰，层次分明，便于读者系统掌握STEM教育的核心内容。

第三，应用上注重概念阐释与示范案例相结合。书中精选了小学不同学科教师设计和实施的STEM教育典型实践案例，这些典型案例既反映了对STEM教育理念和新课程标准的深刻理解，又具有很强的适用性；不仅展示了STEM教育实施方式的多样化，还为广大教育工作者提供了具体的教学指导和宝贵的实践经验。

最新发布的《义务教育课程方案和课程标准（2022年版）》所要求的跨学科主题学习契合了STEM教育理念，突出和强调了"做中学""创中学""用中学""动手做"，使STEM教育理念得以在各学科实践教学中具体应用，实现变革育人方式，课程协同育人、综合育人、实践育人之目的。希望每一位教育工作者都成为STEM教育理念的学习者、研究者、实践者和传播者，把STEM教育作为培养学生创新精神、创新能力和科学素养的重要抓手，让跨学科思维、创新能力、创新精神成为每一个学生的成长基因，让STEM教育成为推动教育创新的重要载体，不断推进我国STEM教育的发展，为教育强国和现代化国家建设贡献力量。

于发友

中国教育科学研究院副院长 教育学博士

PREFACE / 前言

  STEM 教育是面向未来的教育,是跨学科融合的综合教育,是一种培养学生面对 21 世纪生存和发展所需核心素养、适应未来社会挑战的现代化教育模式。当前具有跨学科性质的 STEM 教育正逐渐成为教育的重要组成部分和教育实践的重要形式。

  STEM 教育是在全球教育创新与变革背景下的学科融合教育,强调跨学科一体化的教育方式。作为应用型、创新型、复合型人才培养的重要模式,STEM 教育契合了各国对创新人才的需要,在世界范围内得到了教育界的高度重视。目前,很多国家将 STEM 教育提升到国家行动的战略高度,将其看作提升国家科技竞争力和培养创新人才的着力点和重要推动力,试图通过 STEM 教育打造本国在全球范围内的核心竞争力。

  2016 年,教育部在《教育信息化"十三五"规划》中明确指出:"有条件的地区要积极探索信息技术在'众创空间'、跨学科学习(STEAM 教育)、创客教育等新的教育模式中的应用,着力提升学生的信息素养、创新意识和创新能力。"中共中央、国务院在《关于深化教育教学改革 全面提高义务教育质量的意见》中指出:"探索基于学科的课程综合化教学,开展研究型、项目化、合作式学习。"近几年来,在中国教育科学研究院 STEM 教育研究中心的大力推动下,在全国许多省市教育科学研究部门的积极响应和参与下,通过组织召开全国 STEM 教育发展大会,成立 STEM 教育协同创新中心,开展多层级的 STEM 教育培训,组织开展"中国 STEM 教育 2029 行动计划"课题研究,发布《中国 STEM 教育白皮书》《中国 STEAM 教育发展报告》《中国 STEM 教师能力等级标准(试行)》等,多措并举,我国打了一套推动 STEM 教育发展的"组合拳",使得我国中小学 STEM 教育的研究和实践探索不断走深走实,STEM 教育在我国中小学呈现出了勃勃生机。

　　STEM教育最典型的特征是跨学科融合，这也是教育部发布的《义务教育课程方案和课程标准(2022年版)》所强调和要求的。STEM教育理念与我国实施素质教育、发展学生核心素养的目标追求是一致的。我国《义务教育课程方案(2022年版)》中指出，"设立跨学科主题学习活动，加强学科间相互关联，带动课程综合化实施，强化实践性要求"，"开展跨学科主题教学，强化课程协同育人功能"，同时明确规定，"原则上，各门课程用不少于10%的课时设计跨学科主题学习"，将跨学科主题学习作为课程协同育人、实践育人的重要途径和教育教学改革的着力点和亮点。由此可见，《义务教育课程方案(2022年版)》已把STEM教育由过去的义务教育学校的少数优秀教师、少数学校的个别行为，固定为制度要求，成为全体教师、所有学校必须开展的常规教学活动，旨在满足教育现代化强国建设的需要，引领育人方式和教学方式、学习方式的变革，促进学生综合素质的提高。《义务教育课程方案和课程标准(2022年版)》对跨学科主题学习的要求，也为STEM教育在我国的深入开展提供了课程标准上的保障。

　　2023年11月，联合国教科文组织在法国巴黎举行的第42届大会上通过了在我国上海设立教科文组织国际STEM教育研究所的决议，标志着教科文组织一类中心首次落户我国。国际STEM教育研究所的主要职能是促进科学、技术、工程和数学领域的教育，涵盖从幼儿到成人的各个阶段，致力于为所有人提供包容、公平、适切和优质的STEM教育。国际STEM教育研究所为我国教育打开了一个与世界对话的新窗口，将成为国际STEM教育领域交流合作的重要平台，为我国与教科文组织和广大会员国开展STEM教育交流与合作提供了便利，有利于促进我国深化STEM教育教学改革，不断提升科技创新人才的培养质量，提升教育现代化水平，同时也为STEM教育在我国的深入开展提供了有力支撑。

　　本书编写团队借助"中国STEM教育2029行动计划"第一批立项课题"小学阶段STEM教育的研究与实践"(课题批准号：2018STEM048)、"小学阶段STEM教育教师队伍专业化培养的研究"(课题批准号：2018STEM049)、"STEM校本课程开发与建设研究"(课题批准号：2018STEM041)和山东省教育科学"十四五"规划2021年度一般自筹课题"义务教育阶段STEM课程深度开发研究"(课题批准号：2021ZC302)等课题的研究和实践，培养了一批熟悉STEM教育理念的"种子教师"，设计和实施了一批STEM教育典型教学案例，构建了小学阶段STEM教育课程资源库，积累了丰富的STEM教育经验，营造了良好的STEM教育生态，提升了学生综合运用多学科知识解决实际问题和复杂问题的能力，推进了区域学校STEM教育的开展，探索和实践了一条推进"五育融合"、促进教育高质量发展的有效途径。

为了总结各项课题研究的经验和结果，更好地开展STEM教育，本书编写团队对五年多来STEM教育课题研究成果和落实新课程方案及标准开展跨学科主题学习成果等资料进行了详细梳理，围绕跨学科融合这一STEM教育的主阵地和现实生活开发设计了一系列典型的STEM教育课例，为广大小学教师认识和了解STEM教育、开展STEM教育研究与实践提供了可学习和借鉴的经验，为开展基于项目学习的STEM教育和跨学科主题学习的教师提供积极的指导作用。

当今社会，以移动互联网、大数据、区块链技术、云计算、物联网、5G技术、人工智能技术、数字教育、智慧教育等为代表的现代科技和教育新样态日新月异，世界各国、各行各业对创新人才的需求从来没有像今天这样迫切。作为教育工作者，我们有责任做STEM教育理念的深入学习者、研究者、实践者和传播者，认真落实义务教育学校新课程方案和标准，积极开展跨学科主题学习的研究与实践，推动教育数字化转型，为创新型人才培养、创新型国家建设和现代化强国建设做出努力！

真诚期待本书能成为小学教师了解STEM教育、开展STEM教育的重要参考，对落实《义务教育课程方案和课程标准（2022年版）》、推动跨学科主题学习开展起到积极作用，助推我国STEM教育的发展，赋能教育的高质量发展。

李百军
2024年2月

CONTENTS 目录

第一章 STEM 教育概论   1

   第一节　STEM 教育的内涵   1

   第二节　STEM 教育的发展简史   3

   第三节　STEM 教育的特征   7

   第四节　开展 STEM 教育的未来价值   11

   第五节　STEM 教育在我国的发展   13

   第六节　STEM 教育与跨学科主题学习   16

   第七节　STEM 教育与基于项目的学习   27

第二章 小学 STEM 教育研究与实践的路径   39

   第一节　小学 STEM 教育的现状   39

   第二节　制约小学 STEM 教育发展的因素   40

   第三节　小学开展 STEM 教育的策略   42

   第四节　STEM 教育实施过程中的注意事项   47

第三章	小学STEM教育课程建设	51
第一节	基于小学科学学科的STEM教育案例	52
第二节	基于小学信息科技学科的STEM教育案例	77
第三节	基于小学数学学科的STEM教育案例	101
第四节	基于现实生活问题的STEM教育案例	115
第五节	基于实践活动的STEM教育案例	125
第六节	基于跨学科主题学习的典型案例	129

参考文献	173
后 记	177

第一章
STEM 教育概论

STEM 教育作为当今科技创新教育的有效形态、复合型创新人才培养的新模式正被广泛认同和关注,在世界范围内形成了引领科技发展和人才培养的新潮流。越来越多的国家日益关注和重视 STEM 教育,并将其看作提升国家科技竞争力和培养创新人才、促进社会经济和科技发展的着力点和驱动力。近年来,我国教育主管部门出台的很多政策文件都在鼓励和引导中小学教师因地制宜、因校制宜地开展 STEM 教育的实践和探索。2017 年,教育部印发的《义务教育小学科学课程标准》中就针对 STEM 教育这种跨学科的学习方式明确建议科学教师可以尝试将其运用于自己的教学实践。可以说,STEM 教育已经为完善课程教育改革创新培养模式和选拔模式,提升学生的科学与创新素养,提供了有力的抓手。

STEM 教育是关注未来的教育。STEM 教育理念符合我国对创新型人才培养的需要,符合个人面向未来发展的需要,是培养可持续发展的人的需要,与发展学生核心素养高度契合,是培养学生核心素养的有力抓手。我们应结合区域和学校实际,因地制宜、因校制宜地开展 STEM 教育,培养学生的 STEM 素养,让跨学科思维、创新能力、创新精神成为每个学生的成长基因,让 STEM 教育成为推动小学生创新教育的重要载体和途径。扎实推进小学 STEM 教育、有效开展 STEM 教育的实践探索正当其时。学懂弄通 STEM 教育的内涵、特征和培养目标是扎实推进 STEM 教育实践的基础、前提和重要保证。

第一节 STEM 教育的内涵

STEM 教育最早是由美国提出的一种教育理念。跨学科是 STEM 教育内涵的核心。截至目前,STEM 教育尚未有国际公认的完整定义,而且其内涵一直在不断地丰富和发展。

STEM是科学(Science)、技术(Technology)、工程(Engineering)和数学(Mathematics)四门学科的英文首字母缩写。它是一个偏重于理工科的领域,强调多学科交叉融合。通过将体验式课程、活动课程、综合实践课程等多门学科内容整合形成有机整体,以更好地培养学生的创新精神、实践能力和综合素质。

"STEM教育强调跨学科整合,其学习方式主要有三种:基于问题的学习、基于项目的学习、基于设计的学习,这些方式对于培养学生跨学科解决问题的能力,培养学生的21世纪技能,包括沟通交流能力、合作协作能力、批判性思维能力、创造创新能力等都发挥着重要作用。"STEM教育是面向所有学生培养综合素质的一个载体,对于发展学生核心素养、培养创新型人才、提高国家科技核心竞争力、建设创新型国家具有长远意义。

美国瓦利市州立大学(Valley City State University)的STEM教育中心官网在解释什么是STEM教育时写道:STEM"超越其首字母缩写所意味的,它远不止于科学、技术、工程和数学","STEM教育是关于学生参与的学习,是基于项目的学习,它运用科学探究过程和工程设计过程,是跨学科的,是关于积极学习的,是关于合作与团队工作的,是关于解决实际问题的,它连接抽象知识与学生的生活,整合过程和内容……"。

美国"项目引路(Project Lead the Way,简称PLTW)"机构的观点更明确了STEM教育的整合特点及现实意义:STEM教育课程计划旨在使学生参与以活动、项目和问题解决为基础的学习,它提供了一种动手做的课堂体验。学生在应用所学到的数学和科学知识来应对世界重大挑战时,创造、设计、建构、发现、合作并解决问题。

2014年,美国国家科学院出版社出版的《K-12年级STEM整合教育:现状、前景和研究议程》,使人们对STEM教育的整合有了更为全面的认识。它认为通过对STEM整合方案的研究获得如下三点重要启示:整合必须明确,支持学生学习单门学科的知识,整合并不一定越多越好。

"我们可以这样来认识STEM:首先,STEM是分科的,它代表着科学、技术、工程和数学四个独立的学科领域;其次,STEM又是整合的,这或许是今天强调和重视STEM时最为看重的;再次,STEM还是延伸和扩展的。"2015年,美国在《2015年STEM教育法》中明确规定STEM教育除了科学、技术、工程和数学等学科的教育外,还包括计算机科学的教育。STEM教育现在有STEAM(增加了人文与艺术Arts)、STEAMS(在STEAM的基础上加了"S",代表社会Society)、STREAM(有的学者建议加入Reading或者Writing,把STEM扩展为STREAM)、STEMM(最后的"M"代表医学Medicine),以及STEMx、STEM+等不同的表述。"实际上,不管STEM教育名称拓展为STEAM、STREAM还是STEM+,其本质仍然不变——还是跨学科,只是进一步拓展了跨学科的领域与内涵而已。"

发展到今天,STEM教育是主要包括但又不限于科学、技术、工程、数学、计算机科学、艺术的一种新教育理念,它不是四门或更多学科的简单叠加,而是强调多学科的跨界融合,是一种创新型、复合型、实践型人才培养模式。STEM教育无论包括多少学科,其目的在于打破传统的学科壁垒,以知识之间的联系为教学内容组织的原则与依据,基于真实世界中的问题情境开展教学。

STEM教育坚持"做中学"的教育理念,是具体的关于学生参与并动手做的学习过程,强调知识与能力的统一,是运用工程设计思维,通过高效的团队协作,运用科学知识和数学思维,在真实情境中解决基于真实需求的技术问题的过程,能够有效地培养学生的创造力和分析问题、解决现实问题的能力。"做中学",强调让学生学会合作与交流,找到自己的兴趣所在,给予他们的人生规划以启发,引领他们未来关注的领域,促进个体未来的发展。

STEM教育是跨学科的、融合的、整合的、统整的;STEM教育是旨在使学生参与以活动、项目和问题解决为基础的学习,提供一种动手做、做中学的课堂体验;STEM教育是关于21世纪的教育;STEM教育是培养学生的创造力与想象力、批判性思维与问题解决能力、沟通能力和合作能力等方面素养的教育模式。STEM教育是面向所有学生培养综合素质的一个载体,也是培养学生21世纪技能的载体。

第二节　STEM教育的发展简史

了解STEM教育的缘起和发展变革,有利于准确把握STEM教育得以发展和被广泛认可的历史脉络,有利于更好地推进STEM教育的发展。

STEM教育源自美国关于高科技人才短缺的危机和领导世界高科技发展的需要。自20世纪80年代起,美国教育界就萌发了整合科学和数学教学的主张并出台了一系列指导报告。这或许是STEM教育的源点和萌芽。以时间为序,美国STEM教育发展的几个关键时间节点如下:

1983年4月,以美国国家教育优异委员会发表的著名报告《国家在危急中:教育改革势在必行》为开端,美国掀起了战后第三次教育改革运动。《国家在危急中:教育改革势在必行》指出,由于教育水平及教育质量的下降导致高科技人才短缺,已严重地威胁到美国整个国家的未来,因而教育改革势在必行。报告首次提出了整合科学、技术和数学的设想及相应主张。

1985年,美国促进科学协会启动了"2061计划(Project 2061)"。"2061计划"并不只是一个简单的课程改革计划,而是一个比较全面的、长远的、综合性的科学、数学和技术教育改革计划。它通盘考虑的是在美国全国范围内从幼儿园到高中毕业的整个阶段的科学、数学和技术教育,是对整个教育系统的一种改革,目标是使每一个美国公民在高中毕业时,在21世纪越来越科学技术化的社会环境中,能够懂得世界是怎样运作的,能够批判性地独立思考问题,能够过一种充满乐趣的、负责任的、有意义的生活,能达到某种科学素养的标准。正如美国科学促进会所声称的那样:"在下一个人类历史发展阶段,人类的生存环境和生存条件将发生迅速的变化。科学、数学和技术是变化的中心。它们引起变化,塑造变化,并对变化做出反应。所以,科学、数学和技术将成为教育今日儿童面对明日世界的基础。"这也正是"2061计划"的主旨所在。

1986年,美国国家科学委员会(NSB)发布了《本科的科学、数学和工程教育》的报告,强调要加强大学教育并追求卓越,以使美国的下一代成为世界科学和技术的领导者。报告首次提出了"科学、数学、工程和技术教育集成"(最初的英文缩写为SMET)的纲领性建议,即STEM教育理念。这或许是最早提出STEM教育的一份重要文献,这通常被视为STEM教育的开端。

1996年,美国国家科学基金会(NSF)对美国大学科学、数学、工程和技术教育的十年进展进行回顾和总结,发表了《塑造未来:科学、数学、工程和技术的本科生教育新期望》的报告,针对新的形势和问题,围绕科学、数学、工程和技术教育对学校、地方政府和工商界等提出了明确的政策建议,其中包括要大力培养中小学校的科学、数学、工程和技术学科的师资队伍问题。

2001年后,"STEM"的写法逐渐取代"SMET"成为四门学科的统称,分别代表科学、技术、工程和数学教育。STEM的称呼最早由美国国家科学基金会于2001年提出。

2007年10月3日,美国国家科学委员会发布了名为《国家行动计划:应对美国STEM教育体系的重大需求》的报告(简称《国家行动计划》),提出两个方面的措施:一是要求增强国家层面对K-12年级和本科阶段教育的STEM教育的主导作用,在横向和纵向上进行协调;二是要提高教师的水平和增加相应的研究投入。

2010年,美国总统科技顾问委员会向美国总统提交了名为《培养与激励:为了美国未来的K-12科学、技术、工程和数学教育》的报告。该报告如下的表述充分显示了 STEM 教育对于美国的战略意义和积极价值,一定程度上也显示出 STEM 教育的普遍价值:"STEM 教育将决定美国未来能否成为世界领袖,能否解决如能源、卫生、环境保护和国家安全等诸多领域的巨大挑战。STEM 教育将有助于培养国际市场竞争所需要的能干且灵活的劳动力。STEM 教育将确保美国社会继续做出基础性发现并提升我们对我们自身、我们星球和宇宙的理解。STEM 教育将造就科学家、技术专家、工程师和数学家,他们将会提出新的思想,制造新的产品并创造出 21 世纪的全新产业。STEM 教育将为每一个个体提供为获取足够生活的薪水,以及为他们自身、他们的家庭和社区做出决定所必需的技术技能和计算素养。"

2011 年,美国国家科学院发布了《成功的 K-12 阶段 STEM 教育:确认科学、技术、工程和数学的有效途径》报告,提出了扩大中小学生 STEM 教育的参与度、增强所有学生 STEM 素养等教育目标。

2013 年,隶属于美国国家科学院的国家研究委员会(NRC)在 1996 年发布的美国第一份《全国科学教育标准》基础上,再次公布了标志着美国新一轮科学教育改革的新标准,即《下一代科学标准》(*Next Generation Science Standards*,简称 NGSS)。新科学标准第一次将工程和技术教育单独列出并加入科学教育的标准中,且非常注重跨学科学习和实践参与,"旨在帮助实现科学和工程领域的教育愿景"。

2014 年,美国国家科学院出版社出版的《K-12 年级 STEM 整合教育:现状、前景和研究议程》使人们对 STEM 教育的整合有了更为全面的认识,认为"STEM 整合教育远不是单独的、定义明确的经验,它包括一系列不同的体验,涉及一定程度的联系。这些体验可能发生在一个或几个课时内,贯穿整个课程,体现在单一学科或整个学校中,包含于校外活动中";认为通过对 STEM 整合方案的研究获得如下三点重要启示:整合必须明确,支持学生学习单一学科的知识,整合并不一定越多越好。

2015 年 10 月 8 日,时任美国总统奥巴马签署了经国会参议院、众议院通过的《2015 年 STEM 教育法》(*STEM Education Act of* 2015),从立法的角度对 STEM 教育的实施给予了保障。其中针对中小学 STEM 教育特别指出,STEM 教育不仅仅是指科学、技术、工程和数学四个学科领域的教育,还包括了计算机科学。该法在一定程度上可以看作对美国近 30 年来 STEM 教育发展的一次高度概括和新的规定。

2016 年 9 月,美国教育部与美国研究所联合发布了《2026 年 STEM:STEM 教育创新愿景》(*STEM 2026: a Vision for Innovation in STEM Education*)报告。该

报告旨在促进STEM教育公平以及让所有学生都得到优质STEM教育的学习体验,对实践社区、活动设计、教育经验、学习空间、学习测量和社会文化环境等六个大方面提出了远景规划,指出了STEM教育未来十年的发展方向和存在的挑战。

2017年2月,时任美国总统特朗普签署了两项法案,鼓励女性进入STEM领域,让更多学习STEM的K-12女孩有可能成为宇航员、科学家和工程师,帮助女性打破在STEM领域遇到的障碍。

2018年12月,美国白宫发布了STEM教育下一个五年战略计划——《制定成功之路:美国STEM教育战略》(又叫"北极星计划")。该计划提出了三个目标:增加STEM教育的广度,每个美国人都应掌握基本的STEM概念(比如计算机思维),以能够应对技术变革,为STEM教育的普及建立坚实的基础;增加STEM教育的深度,增进以往在这一领域欠缺的学生对STEM的学习,在STEM教育中增进多样性、公平性和包容性;鼓励下一代从事STEM职业,为未来的STEM人力资源做好储备。计划明确了美国STEM教育下一个五年计划的远景、目标、行动、途径及跨部门的合作战略,期望所有的美国公民都终身受益于高质量的STEM教育,使美国成为STEM扫盲、创新和就业的全球领导者。

另外,STEM教育得到了英国、德国、芬兰、以色列等国家政府部门、研究机构、工商企业、民间机构等不同主体的重视,并借助创新STEM教育模式和多样化的项目推动,使得STEM教育在这些国家得到了长足发展。

作为集成战略的STEM教育并不局限于四门各自独立的学科,而是更关注其整合的意义和价值,其内涵和外延是在不断发展的。如大家经常看到的STEAM教育是由美国弗吉尼亚理工大学的学者Yakman首次提出的。STEAM中的"A"代表艺术(Art),包含美术、语言、人文、形体艺术等。有学者指出,"A"狭义上是指美术、音乐等学科,广义上则包括美术、音乐、社会、语言等人文语言艺术。STEM教育本身也在扩大,如全球STEMx教育大会名称中的"x"就是最明显的扩大,这里的"x"代表着计算机科学、计算思维、调查研究、创造与革新、全球沟通、协助及其他不断涌现的21世纪所需的知识与技能。

目前,STEM教育已从最初关注或集中在高等教育逐步下移到了中小学乃至幼儿园,从国家竞争力人才的培养扩展到了教学模式和学习方式的变革,而教学模式和学习方式的改变既是服务于国家核心竞争力的战略需要,也是满足个体面向未来发展的需要。

第三节 STEM 教育的特征

STEM 教育以整合的教学方式培养学生掌握知识和技能,并能灵活迁移应用到解决真实世界的问题上的能力。在讨论 STEM 教育时,"跨学科""学科融合""学科整合""学科统整"表达的意思基本是一样的。"融合的 STEM 教育具备 9 个新的核心特征:跨学科、趣味性、体验性、情境性、协作性、设计性、艺术性、实证性和技术增强性。"其中,跨学科性是 STEM 教育最重要的核心特征。

一、跨学科性

当实施一个项目或者解决一个问题时用到的知识比较宽泛和复杂,靠单门学科的知识不足以解决,而需要综合、交叉运用多个学科知识才能完成或解决时,那么这个项目或者问题就是一个跨学科的项目或者是一个跨学科的问题。如设计建造一座建筑面积较大的综合楼,仅仅施工图纸设计就需要建筑、结构、给排水、电气、暖通、智能化等不同专业人员,也就是说从图纸设计到施工完成,这个建筑项目将会需要很多不同专业、不同工种人员的协作配合才能保证建筑的施工质量、工期和安全等。

强调综合运用跨学科知识的融合去创新创造、解决实际复杂问题是 STEM 教育的初衷和本意,跨学科性是 STEM 教育最核心的特征。这也是美国首先在本科生中开展 STEM 教育的重要原因。

STEM 教育强调跨学科融合但绝不是反对或者是替代目前的分学科教学,而且 STEM 教育或许永远也不可能替代分学科教学,至少在我们的基础教育阶段是这样的。开展 STEM 教育,并不是否定传统的分学科教学。如果否定传统的分学科教学,就是否定了我们人类今天所取得的一切科学发展带来的成就:我们的人造卫星、航天空间站、航空母舰、飞机、原子弹、氢弹等,这些高科技都是在没有 STEM 教育的时候出现的。我们提倡 STEM 教育,是为了满足科技和经济高速发展的需要,在分学科教学的前提和基础上,更强调和注重学科间知识的融合,更强调利用跨学科的知识去分析问题、解决问题,去发明和创造。学生综合运用跨学科知识解决实际问题的能力和创新能力并不是一朝一夕培养起来的,需要从幼儿园、从小学开始就注意培养学生的动手实践能力、创新能力、综合运用所学知识解决实际问题的能力和意识。

跨学科活动的综合性与多元性决定了学生绝对不是静静地坐在小板凳上认真听讲,他们彼此之间要有联系、有交流沟通和协作,这样才能更好地培养跨学科的综合能力，激发学习兴趣和求知欲望。

有这样一个不十分现实却又值得大家去思考的假设：假设一个有40名学生的班级采取两种不同教法：第一种教法，语文、数学、科学、物理、化学、美术等每门学科都是不同的学科专业教师执教；第二种教法，各学科课程由一个"全科"教师执教。最后教育的效果如何？难道第一种教法培养出来的学生，其知识都是分学科的，不会综合运用所学各学科知识？第二种教法教出来的都是能够灵活运用所学各科知识的STEM教育的高才生？大家可以去思考。无论是"全科"教师还是分学科专业教师在教学过程中都要注意培养学生综合运用多学科知识解决实际复杂问题的能力，如果条件允许的话，分学科专业教师教学效果会更好一些。我们在日常的教育教学活动中，应该强调的是STEM教育理念的具体运用，每门学科的教师在向学生传授知识时都要注意学生综合素质的培养。

在基础教育阶段，跨学科教学只能作为分科教学的有益补充，进而提高学生综合运用所学各科知识的能力，为学生将来进入高等院校学习"生物医学""机械工程""生物化学"等跨学科特色鲜明的专业做好铺垫。如果学生高中阶段没有选择学习生物这门学科，可能填报大学志愿时"生物医学"专业就受限。现在将STEM教育延伸到中小学甚至幼儿园，也是希望从小培养学生综合运用所学各学科知识解决问题的能力和意识。

二、趣味性

在小学阶段大多数学生最想上的课程是音乐、体育、美术、信息科技……而不是数学、语文、英语，尽管他们知道数学、语文、英语是十分重要的学科——教师重视、家长重视，天天都有作业。他们之所以喜欢它们（只是简单地喜欢）是因为这些学科没有作业，没有负担，上课时轻松、愉悦，教学内容游戏化，充满趣味性。

兴趣是最好的老师。基于活动的、项目的、问题的STEM教育在实施过程中要注重把多学科知识融于有趣、具有挑战性、与学生现实生活相关的问题中、项目中、活动中和游戏中，驱动性问题要具有一定的挑战性，问题和活动的设计要符合"最近发展区"的实际，能激发学习者内在的学习动机，问题的解决能让学生有成就感，因此需有趣味性。STEM教育强调分享、创造，强调让学生体验和获得分享中的快乐感与创造中的成就感，有利于培养学生的团队意识、协作意识和团队协作技能。"游戏化"是小学低年级段STEM课程设计的一个特点，注重探究性学习、问题解决能力的培养、学生学习的体验，以便激发学生的学习兴趣。

三、体验性

STEM 教育强调"做中学""创中学""动手做",是理论与实践结合的过程。STEM 教育主张利用已学知识,借助项目、活动或问题进行实践探究,更强调学生动手、动脑参与学习的过程。STEM 提供了学生动手做的学习体验,学生综合运用所学的数学、科学知识应对现实世界问题,在真实的情境中发现问题、分析问题、解决问题。因此,STEM 教育具有体验性特征,学生在通过参与、实践、体验获得知识的过程中,不仅获得结果性知识,还掌握蕴含在项目问题解决过程中的过程性知识。这种在参与、体验中习得知识的方式会对学生以后的长远发展产生深刻影响。

四、情境性

STEM 教育注重和强调在真实的生活情境中解决现实生活中的复杂问题和任务,因此 STEM 教育具有情境性特征。STEM 教育强调让学生获得在现实生活的真实情境中综合运用所学知识解决实际问题的能力,这种基于真实情境问题的解决,可以让学生体验真实的生活,获得社会性成长,培养他们解决实际生存环境中生活问题的能力。教师在进行 STEM 教育项目设计时,要注意为项目完成或问题创设真实的生活情境。

五、协作性

STEM 教育通常借助基于项目的学习实施。通常是以小组为单位,在群体协同中互相启发、互相帮助、资源共享、分工协作、互相配合共同完成任务,在项目的实施过程中还需要教师、专家的指导和协助,因此 STEM 教育具有协作性。小组学习最后的评价环节以小组成员的共同表现为参考依据,而不是根据小组中某个人的表现进行独立评价。在小组协作过程中,教师要教育学生学会倾听,学会尊重和接受他人的建设性意见、建议和反馈。

六、设计性

工程设计是 STEM 教育的核心基础。设计性是 STEM 教育的又一核心特征。科学在于认识世界,解释自然界的客观规律;技术和工程则是在尊重自然规律的基础上改造世界,实现对自然界的控制和利用,解决社会发展过程中遇到的难题。按照科学和数学的规律开展设计实践是科学、数学、技术与工程整合的重要途径。现实生活中的各种家具、产品,甚至卫星、飞机、桥梁、高楼大厦等,在生产制造过程中,每个零部件都有设计图纸。设计出具有创意的作品是获得成就感的重要方式,也是维持和激发学习动机、保持学习好奇心的重要途径。因此,设计是 STEM 教育取得成功的关键因素。不过,设计更多的是针对中学生,小学生设计意识和能力还不足。我们从幼儿园、小学开始培养学生的设计意识、设计思维、设计习惯正是开展 STEM 教育所需要的。

七、艺术性

有别于 STEM,目前 STEAM 的说法和提法也很普遍,旨在强调在 STEM 中加入"Art"学科。这个"A"狭义上指美术、音乐等,广义上则包括美术、音乐、社会、语言等人文语言艺术,实际代表了 STEM 强调的艺术与人文属性。STEM 教育的艺术性强调在自然科学教学中加强学生对人文科学和社会科学的关注与重视。如在教学中增加科学、技术或工程等相关发展历史的介绍,激发学生兴趣,加强学生对 STEM 与生活联系的理解以及提高学生对 STEM 相关决策的判断力;再如,在对学生设计作品进行评价时,加入审美维度的评价,提高学生作品的艺术性和美感。我国古代流传下来的众多艺术品:兵马俑、后母戊鼎、地动仪、《清明上河图》……都充满着古代劳动人民的智慧,每件作品都给人艺术美的享受。

八、实证性

实证性是科学区别于其他学科的重要特征,是科学教育中学习者需要理解、掌握的重要内容。2017 年颁布的《义务教育小学科学课程标准》指出,科学教学要让学生在获得知识的同时,形成不迷信权威、尊重事实、善于质疑的科学态度。培养学生的实证意识,最终目的就是培养学生实事求是、一丝不苟的优秀品质。学生要在 STEM 教育理念的引领下,遵循科学规律,按照科学的原则设计作品,做到能够基于证据验证假设,发现并得出解决问题的方案,培养科学精神和理性思维能力。

九、技术增强性

技术是跨学科学习的底层支撑。STEM 教育强调学生要具备一定的技术素养,尤其是信息科技素养,强调学生要了解技术应用、技术发展过程,具备分析新技术如何影响自己乃至周边环境的能力。尤其是随着互联网、大数据、3D 打印、VR/AR、人工智能、5G 技术等的广泛应用,在教学中,教师需要借助和利用技术手段激发和简化学生的创新过程,通过技术表现多样化成果,让创意得到更好的分享和传播,从而激发学生的创新动力。技术作为认知工具、沟通媒介和学习支架,打破学科壁垒,加强不同学科知识间的联系,无缝地融入学习的各个环节,有利于项目的实施和问题的解决,培养学生善于运用技术解决问题的能力,培养学生计算思维、逻辑思维和编程思维,有利于深度学习的发生。

STEM教育的九大特性极大地培养了学生的批判性思维、逻辑思维、计算思维、编程思维,以及创新能力、沟通能力、解决问题的能力等综合能力。在开展STEM教育的过程中,设计的每个STEM课例并不是完全地包括以上九个特征,从幼儿园到大学,随着学科知识的不断丰富,解决问题的复杂程度越来越高,项目所呈现的特征也会越来越多。围绕幼儿园和小学低年级的小朋友开展STEM教育学习时,我们考虑到小朋友掌握的学科知识和认知能力,更多的是STEM教育理念引导下的游戏化学习,而不是包括这九大特征的项目式学习。我们开展STEM教育也要遵循教育规律和学生认知规律,循序渐进。

第四节　开展STEM教育的未来价值

当今社会人工智能、大数据、区块链、VR/AR、5G、物联网、数字教育、智慧教育等技术的迅猛发展,正在深刻地改变着人才需求和教育形态。STEM教育不是一门课程,而是一种跨学科综合教育的形态,旨在加强科学、技术、工程、数学等学科的融合,加强知识概念与现实世界经验之间的联系,是综合实践活动课程,主要就是通过学生的参与和体验活动培养他们的创新能力、实践能力、解决问题的能力,使他们成为具备科学素养、掌握专业知识和实践技能的适应未来社会挑战的复合型、创新型人才。

相较于西方发达国家,我国中小学生的动手实践能力和创新能力一直是个弱项,也是我们实施素质教育以来做得不足的地方。在大力实施素质教育,提升学生核心素养,提高学生综合素质,建设现代化的社会主义教育强国的今天,开展STEM教育具有重要的现实意义和长远意义。

一、提升学生科学素养,培养创新人才

互联网时代、人工智能时代、数字教育时代、智慧教育时代的到来和计算机科学的普及为当代的青少年提供了更好的学习渠道和认识世界的工具,网络化、数字化、智能化、个性化、终身化的教育体系和"人人皆学、处处能学、时时可学"的学习型社会已经初见端倪。

STEM教育能够更好地培养21世纪人才所需要的关键能力:沟通交流能力、创新能力、协作能力和批判性思维;有利于学生的全面发展,有利于学生适

应高科技的发展需要。从小学开展 STEM 教育的作用还在于从小培养学生的工程思维、项目意识，为他们将来在高校学习工程专业打下基础，做好铺垫，进而提升整个民族的工程素养和科学素养。顺应时代发展的需要，我们要为国家培养有竞争力的创新型人才，培养和选拔一批国家急需的科技创新人才，服务国家发展，提高国家核心竞争力。

通过系统地学习跨学科整合的 STEM 课程，学生能够将多种知识与能力融会贯通，并能够将这些知识与能力应用于解决实际问题中，有效提高 STEM 素养，包括数字化、信息化素养，使自己具有未来社会发展需要的软技能，具备在 AI 时代幸福生活的能力。

二、培养适应未来发展的高素质劳动力

STEM 教育是跨学科的综合教育，能够培养学生的逻辑思维、计算思维、创新能力、合作沟通能力以及解决实际问题的能力。科学技术的迅猛发展对各行各业从业人员的素质提出了更高的要求，尤其是在"互联网 +"时代和人工智能时代，需要的是具有终身学习能力，具备沟通交流能力、创新能力、协作合作精神和创新精神的劳动力。为满足国家高科技和经济发展对复合型创新人才的需要，我们要从幼儿园、小学开始加强 STEM 教育，让孩子们从小接受 STEM 教育，从小培养他们的创新思维、工程思维、设计思维、逻辑思维、计算思维、编程思维和动手实践创新能力，为他们将来进入高等院校学习工程设计等专业打好基础，做好铺垫，为满足将来社会和科技发展的需要做好人才储备。

三、提升国民科学素质，提高国家核心竞争力

习近平总书记指出："科技创新、科学普及是实现创新发展的两翼，要把科学普及放在与科技创新同等重要的位置。没有全民科学素质普遍提高，就难以建立起宏大的高素质创新大军，难以实现科技成果快速转化。"国家间的竞争，说到底是人才的竞争，STEM 教育的开展，有助于培养复合型、创新型人才，有助于国家安全。整个国家国民科学素质的高低体现出国家对科技创新的重视程度。美国提出实施 STEM 教育的初衷就是提高国家竞争力，保持美国在世界上的科技霸权地位和领导地位。国务院印发的《全民科学素质行动规划纲要（2021—2035 年）》指出，科学素质是国民素质的重要组成部分，是社会文明进步的基础。开展 STEM 教育有助于提高整个民族的科学素养和工程素养，有助于为国家培养更多更优秀的创新人才，通过 STEM 教育的普及和推广，普遍提高整个民族的工程素养、科学素养，提高国家的竞争力。

第五节　STEM 教育在我国的发展

截至目前,尽管 STEM 教育在美国已经有 30 多年的发展历史,并且得到了越来越多国家的重视,但在我国教育研究界和广大中小学、幼儿园一线的出现只是最近几年的事情。

2012 年,第 4 期《上海教育·环球教育时讯》曾开辟了 STEM 教育专栏,刊登过《STEM:美国教育战略的重中之重》等文章,这是我国教育类杂志第一次较为集中地介绍 STEM 教育。

2013 年,由中国科协青少年科技中心翻译、科学普及出版社出版的《STEM 项目学生研究手册》,是我国第一本有关 STEM 教育的译著。

2015 年 9 月,中国教育部办公厅发布的《关于"十三五"期间全面深入推进教育信息化工作的指导意见(征求意见稿)》中首次明确提出要"探索 STEAM 教育、创客教育等新教育模式",由此 STEM 教育初步进入我国国策视野,和众多其他国家一样,STEM 教育备受教育研究者关注。

2016 年 6 月 7 日,教育部在印发的《教育信息化"十三五"规划》中进一步要求:"有条件的地区要积极探索信息技术在'众创空间'、跨学科学习(STEAM 教育)、创客教育等新的教育模式中的应用,着力提升学生的信息素养、创新意识和创新能力,养成数字化学习习惯,促进学生的全面发展,发挥信息化面向未来培养高素质人才的支撑引领作用。"可以看出,借助和利用信息技术手段开展 STEM 教育是我国推进 STEM 教育的一个重要政策主张。

2016 年 6 月,由华南师范大学与联盟各发起单位共同组建"粤港澳促进 STEM 教育联盟",2018 年更名为"粤港澳大湾区 STEM 教育联盟",旨在推动 STEM 教育在粤港澳大湾区中小学的应用实践,可以说粤港澳大湾区是我国中小学先行先试开展 STEM 教育较早的地区,为 STEM 教育在全国其他地区的开展起到了示范引领作用。

2017 年 1 月 19 日,教育部印发的《义务教育小学科学课程标准》中倡导跨学科学习方式,指出 STEM 是一种以项目学习、问题解决为导向的课程组织方式,它将科学、技术、工程、数学有机地融为一体,有利于学生创新能力的培养,鼓励科学教师尝试将 STEM 教育运用于自己的教学实践中。

2017 年 6 月 6 日,中国教育科学研究院 STEM 教育研究中心成立,全面拉开了推动全国中小学 STEM 教育的序幕。

2017 年 6 月 20 至 21 日,以"新战略、新课改、新高考"为主题的第一届中国STEM教育发展大会在成都召开，会上发布了由中国教育科学研究院和STEM研究中心联合起草的关于探索和推进中国STEM教育的指导手册——《中国STEM教育白皮书》，标志着中国STEM教育开始走向更加全面、专业、成熟的发展道路。

2018年5月8日，中国教育科学研究院STEM教育研究中心发布《STEM教师能力等级标准（试行）》。该标准是规范与引领STEM教师在教育教学中有效开展STEM教育活动的准则，可作为学校开展STEM教育、STEM教师培训、STEM教师评价等工作的重要依据。

2018年5月15日，"中国STEM教育2029行动计划"启动。

2018年6月30日至7月2日，为促进教育现代化、国际化、信息化发展，提升全民科学与创新素养，营造社会共同参与、一体化的STEM教育环境，以"跨界新教育 构建新生态"为主题的第二届中国STEM教育发展大会在深圳市福田区红岭中学举行，会议公布了首批领航学校、种子学校、种子教师。

2018年12月15日，中国教育科学研究院组织开展的"中国STEM教育2029行动计划"第一批STEM教育研究课题开题会议在北京召开，拉开了全国中小学开展STEM教育课题研究的正式序幕。

2019年3月20日，教育部印发的《教育部关于实施全国中小学教师信息技术应用能力提升工程2.0的意见》中指出："支持有条件的学校主动应用互联网、大数据、虚拟现实、人工智能等现代信息技术，探索跨学科教学、智能化教育等教育教学新模式，充分利用人工智能等新技术成果助推教师教育，提升校长、教师面向未来教育发展进行教育教学创新的能力。"这对于提高各学科教师利用信息技术开展跨学科的融合教育是一个极大的促进。

2019年4月12日，"中国STEM教师能力等级测评系统"正式发布。

2019年10月18—21日，以"融合的力量——STEM与学科教学"为主题的第三届中国STEM教育发展大会在陕西省西安市高新区举行。全国第一批STEM课题中期汇报，第二批课题开题，STEM教育进入全面推进阶段。

2021年4月17日，以"学习无边界，师生共成长"为主题的第四届中国STEM教育发展大会启动仪式在北京召开。会议期间，组织开展了系列STEM教育展示活动，对近几年来我国中小学STEM教育的开展情况进行了展示。

2021年6月3日，国务院印发的《全民科学素质行动规划纲要（2021—2035年）》中引用了习近平总书记的指示"科技创新、科学普及是实现创新发展的两翼，要把科学普及放在与科技创新同等重要的位置。没有全民科学素质普遍提高，就难以建立起宏大的高素质创新大军，难以实现科技成果快速转化"，提出在"十四五"时期实施青少年科学素质提升行动,"激发青少年好奇心和想象力,增强科学兴趣、创新意识和创新能力,培育一大批具备科学家潜质的青少年群体,为加快建设科技强国夯实人才基础"。

2022年4月,教育部颁布的《义务教育课程方案(2022年版)》中指出,"设立跨学科主题学习活动,加强学科间相互关联,带动课程综合化实施,强化实践性要求","开展跨学科主题学习,强化课程协同育人功能",同时明确规定,"原则上,各门课程用不少于10%的课时设计跨学科主题学习",将跨学科主题学习作为课程协同育人、实践育人的重要途径和教育教学改革的着力点、亮点,适应教育现代化国家建设的需要,引领育人方式和教学方法、学习方式的变革,促进学生综合素质的提高,以制度的形式来保障跨学科主题学习的开展,为STEM教育在我国中小学的实施提供了重要依据和保证。

2023年5月17日,为深入贯彻习近平总书记在二十届中共中央政治局第三次集体学习时的重要讲话精神,全面落实党中央、国务院《关于进一步减轻义务教育阶段学生作业负担和校外培训负担的意见》《关于新时代进一步加强科学技术普及工作的意见》《全民科学素质行动规划纲要(2021—2035年)》部署要求,着力在教育"双减"中做好科学教育"加法",一体化推进教育、科技、人才高质量发展,教育部等十八个部门印发了《关于加强新时代中小学科学教育工作的意见》。

2023年11月3—6日,以"做好科学教育加法,为创新铺路"为主题的2023年中国STEM教育发展大会在吉林长春举行。STEM教育作为落实科学教育"加法"的重要载体,对于深入学习贯彻党的二十大报告关于"加快建设教育强国、科技强国、人才强国"的全面系统部署,认真落实《关于加强新时代中小学科学教育工作的意见》,积极推动"中国STEM教育2029行动计划"深入实施,全面提升中小学科学素养,加快推进新时代教育高质量发展,办好人民满意教育和培养科技创新后备人才、提升青少年科技素养具有重要意义。这次大会主要探讨了"面向新课标的STEM课程设计""STEM教育与思维发展""青少年STEM素养与教学评价""区域STEM教育推进模式"以及"STEM教育与跨学科学习"五大方面,以"做好科学教育加法,为创新铺路"为主题,直面新时代对各级各类学校和广大教师的新要求,通过学术引领、科研成果发布、教学成果展示等方式,共同分享STEM教育成果,举行了《中国STEM教育2029行动计划》丛书发布会,探索开放的新型STEM教育生态和STEM教育的未来之路,进一步推动我国中小学科学教育高质量发展,努力提升中小学生创新精神和动手实践能力,为推动科学教育高质量发展,建设现代化教育强国、人才强国和科技强国做出新的更大贡献。

2023年11月9日，联合国教科文组织第42届大会在法国巴黎举行。大会通过了在中国上海设立教科文组织国际STEM教育研究所（UNESCO IISTEM）的决议，标志着教科文组织一类中心首次落户中国。教科文组织国际STEM教育研究所的主要职能是促进科学、技术、工程和数学领域的教育，涵盖从幼儿到成人的各个阶段，致力于为所有人提供包容、公平、适切和优质的STEM教育。教科文组织国际STEM教育研究所为中国教育打开了一个与世界对话的新窗口，成为国际STEM教育领域交流合作的重要平台，为我国与教科文组织和广大会员国开展STEM教育交流合作提供了便利，有利于促进我国深化STEM教育教学改革，不断提升科技创新人才的培养质量，提升教育现代化水平。

第六节　STEM教育与跨学科主题学习

STEM教育最典型、最核心的特征就是跨学科融合。《义务教育课程方案和课程标准（2022年版）》中所要求的跨学科主题学习就是STEM教育理念在中小学学科实践教学中的具体应用。

跨学科主题学习是《义务教育课程方案和课程标准（2022年版）》中提出的关键概念，是新时代坚持立德树人根本任务，变革育人方式，强化学科融合，突出实践育人，发展学生核心素养的重要举措，也是新课程标准赋予学校课程改革的一项新任务。《义务教育课程方案（2022年版）》中指出，"设立跨学科主题学习活动，加强学科间相互关联，带动课程综合化实施，强化实践性要求"，"开展跨学科主题学习，强化课程协同育人功能"，同时明确规定，"原则上，各门课程用不少于10%的课时设计跨学科主题学习"，将跨学科主题学习作为课程协同育人、实践育人的重要途径和教育教学改革的着力点、亮点，适应教育现代化强国建设的需要，引领育人方式和教学方法、学习方式的变革，促进学生综合素质的提高。

针对当下义务教育学校学科教师普遍存在跨学科意识淡薄、对跨学科主题学习存在一些模糊认识和错误认识、对开展跨学科主题学习活动感到无所适从、跨学科主题学习设计实施能力不足等问题，厘清跨学科主题学习内涵、特征和培养目标，研判开展跨学科主题学习面临的问题和挑战，积极探索和实践开展跨学科主题学习的有效策略，是贯彻落实新课程方案和课程标准要求，深化新时代教育教学和课程改革，推动义务教育学校跨学科主题学习活动有效开展，发展学生核心素养的必然要求。

一、跨学科主题学习的内涵、主要特征和培养目标

(一) 学科教学

长期以来,我国的中小学校强调知识学习的系统性,分学科设置课程,即根据知识习得规律纵向地由易到难、由浅到深、由简单到复杂地组织课程内容,分门别类地开设不同的学科课程,每门课程只是针对特定的学科知识领域,强调不同学科门类之间的相对独立性,强调一门学科的逻辑体系的完整性。

分学科课程在实施上偏重知识的传授和习得,忽视学生兴趣、技能和能力的实践培养,忽视知识的联系性,容易导致不同学科知识之间缺少关联和整合,容易导致将学科与学科彼此之间割裂,容易割裂知识间的整体关联。学生学习到的学科知识是彼此分离的,从而束缚了学生的综合运用多学科知识解决实际问题的能力和思维的广度,制约了学生创新能力的发展,不利于发展学生的综合素养,不利于复合型创新人才的培养,不适应社会和科技发展对创新人才的需要。因此,在《义务教育课程方案和课程标准(2022年版)》中提出基于学科的跨学科主题学习,作为传统分科教学的有益拓展,发展学生核心素养,引领育人方式的变革。

(二) 跨学科主题学习

1. 跨学科学习的由来

跨学科学习不是一件新鲜事物。"跨学科"一词最早由美国哥伦比亚大学心理学家罗伯特·塞森·伍德沃斯教授于1926年提出,指超越一个已知学科的边界而进行的涉及两个或两个以上学科的实践活动,后经赫尔巴特、霍普金斯等研究者引入课程领域,并作为一种课程形态被应用于教学实践活动。20世纪80年代,美国开始在大学本科生中开展STEM教育,跨学科是STEM教育内涵的核心,后来在中小学甚至幼儿园都开展了STEM教育,目的就是从小培养学生综合运用所学各学科知识解决实际问题的意识和能力,培养学生的创新能力。

早在2014年3月30日我国教育部印发的《教育部关于全面深化课程改革 落实立德树人根本任务的意见》(教基二〔2014〕4号)中在"改进学科教学的育人功能"中就指出:"要在发挥各学科独特育人功能的基础上,充分发挥学科间综合育人功能,开展跨学科主题教育教学活动,将相关学科的教育内容有机整合,提高学生综合分析问题、解决问题能力。"2017年1月19日,教育部印发的《义务教育小学科学课程标准》中倡导跨学科学习方式,鼓励科学教师尝试将STEM教育运用于自己的教学实践中。2017年9月25日,教育部印发的《中小学综合实践活动课程指导纲要》中在综合实践活动课程性质中指

出,"综合实践活动是从学生的真实生活和发展需要出发,从生活情境中发现问题,转化为活动主题,通过探究、服务、制作、体验等方式,培养学生综合素质的跨学科实践性课程","教师要基于学生已有经验和兴趣专长,打破学科界限,选择综合性活动内容,鼓励学生跨领域、跨学科学习,为学生自主活动留出余地"。

2021年9月19日,《山东省教育厅关于印发〈山东省普通中小学强课提质行动实施方案〉的通知》(鲁教基字〔2021〕10号)中指出:"推进跨学科、大单元教学,义务教育学校各门课程原则上要安排10%以上课时设计跨学科主题学习活动,定期开展跨学科教学优秀案例征集推广。"

2022年4月,教育部印发《义务教育课程方案和课程标准(2022年版)》。根据该新课程方案和课程标准要求,将跨学科主题学习纳入课程方案和标准要求,作为教育改革的新亮点、新任务,制度化要求今后义务教育学校各学科教师都要熟悉跨学科教学理念,具备开展跨学科主题教学的能力,每门学科都要拿出不少于10%的课时开展跨学科主题学习活动,进行育人方式的改革创新,为创新人才培养赋能助力。

2. 跨学科主题学习的内涵

跨学科主题学习是指教师以所任教学科为主干,利用自己掌握的知识和教学经验,根据学生的认知水平和能力,在学生感兴趣的、具有一定挑战性的问题或任务的驱动下,明确主题,创设真实情境,突破学科边界和壁垒,把至少两门及以上的相关学科或相邻学科的多种知识和经验融合起来,借助探究式、合作式、项目式学习等学习方式,通过"做中学、用中学、创中学、玩中学、悟中学、共同学"等亲身实践来培养学生综合利用多学科知识解决实际问题、复杂问题的意识和能力,为创新能力培养赋能助力,在发展学生核心素养的同时,学生的学科素养也得到了提升的实践教学活动。

3. 跨学科主题学习的主要特征

跨学科主题学习既是一种教学方式,也是一种学习方式,还可以理解为是一种课程方式。跨学科主题学习是有别于传统教学模式的一种学习方式,是传统教学模式的有益补充和拓展,可以理解成是深化学科实践教学属性的一种特殊形式,既不是多个学科的叠加,也不能取代传统的教学方式。跨学科主题学习与传统的教学方式有着显著的区别。跨学科主题学习的特征主要表现在以下几个方面:

(1)融合性。或者说是综合性。跨学科主题学习在课程设计与实施过程中要有意识地突破学科界限，打破传统的分学科设置课程的弊端，把相关学科或相邻学科的多种知识和经验进行有意义的关联和整合，凸显学科融合，即跨学科主题学习强调的"跨"。这有利于培养学生整体性认知现实生活和世界的能力，有助于形成良好的合作氛围，为学生发展综合素养提供机会。

（2）真实性。跨学科主题学习强调在真实情境中解决基于学科、基于现实生活、基于社会的真实问题或者任务。跨学科主题学习的"主题"应该是真实的、来自生活情境的、有现实意义的、复杂开放的、能够用多种方式探究的问题。

（3）实践性。跨学科主题学习有别于传统课堂中"你讲我听""你问我答"的教学模式，强调学生亲自进行实践探究。跨学科主题学习设计要能够支持学生通过团队合作在探究过程中主动理解和建构知识，通过完成学习任务获得知识和解决问题，亲历实践、探究、体验、反思、合作、交流等深度学习过程，培养合作意识、合作能力、沟通交流能力、实践能力、创新能力和批判性思维，实现"做中学、用中学、创中学、玩中学、悟中学、共同学"，逐步发展核心素养。说得直白一些，就是通过跨学科主题学习让学生"动"起来，培养学生的实践能力。

（4）基于学科。《义务教育课程方案和课程标准（2022年版）》中倡导的跨学科主题学习指的是基于学科、服务于学科，以学科为基础，又主动跨学科的学习，倡导的是在学科基础上的跨学科，是坚持学科立场的跨学科，做到学以致用，知行合一，只有这样才能发挥学科教师的优势和主动性，才能加深学生对学科知识的理解，并有能力进行更高阶的跨学科学习。也就是说，跨学科最终还是要回到学科本身、巩固学科知识、融会贯通各学科知识、加深对学科知识的理解，为进一步开展更高阶的跨学科学习打下基础。如果跨学科主题学习与教师所任教学科无关，那么学科教师就会有"耕了别人的地，荒了自家的田"的感觉，调动不起工作的积极性。再者，没有学科知识做基础，跨学科学习效果也好不到哪里去。STEM教育是典型的跨学科课程整合方式。以往跨学科主题学习，通常是在STEM教育理念引领下的跨学科主题学习。开发的跨学科学习案例，重视的是包括但不限于科学、技术、工程、数学、艺术等学科知识的综合运用，很少强调基于哪个学科，尽管不同学科教师打造的课例更多地倾向于自己所任教学科的属性；而新课程标准中要求的跨学科主题学习，则更倾向于学科教师以自己所任教学科为核心，打造出融入其他学科知识的跨学科主题学习项目，在发展学生核心素养的同时，服务于学科核心素养的培养，推动学科知识的深入学习。

（5）主题引领。所谓主题，就是研究的主题，是学生在特定时间、空间条件下要解决的核心问题。跨学科整合往往来源于一个真实的，有研究价值的，具有一定挑战性的,能激发学生的好奇心、求知欲、探究欲及解决问题浓厚兴趣的,相对复杂的驱动性问题,将从学科教学、学科知识拓展、现实生活、现实社会、科技发展中等发现的问题,提炼转化为跨学科学习的活动主题,让学生综合运用多个学科知识解决这个实际问题。如设计制作、节约能源、垃圾分类、环境保护、健康生活方式等主题方面的跨学科学习。

（6）项目式(化)学习。项目式学习是一种以学生为中心的教学方法,通过提供关键素材、构建真实环境,使学生亲历解决开放性问题的过程。与传统教学方式相比,项目式学习不仅可以保证学习效果,还有利于培养学生的创新素养和实践能力,有利于提升教师的项目设计、实施和评价能力。尽管项目式学习不是跨学科主题学习的唯一方式,但是项目式学习被认为是开展跨学科主题学习的最理想载体和方式之一。项目式学习必将随着跨学科主题学习活动的深入开展而成为提升学生核心素养的重要学习方式。

以上跨学科主题学习的主要特征,也是在开发、设计与实施跨学科主题学习课程资源时应当遵循的一些原则。

4. 跨学科主题学习的培养目标

跨学科主题学习是培养有理想、有本领、有担当的时代新人的重要途径,是培养学生创新精神和实践能力、发展学生核心素养的重要手段,它以培养学生创新能力、实践能力、合作能力、批判性思维,发展学生核心素养,助力教育高质量发展为最终目标。

二、开展跨学科主题学习面临的主要问题

跨学科主题学习尽管不是一个新概念,但是基层中小学教师对跨学科主题学习确实普遍存在认识浅表化、跨学科主题学习设计实施能力严重不足等问题,落实新课程方案和标准中"各门课程用不少于10%的课时设计跨学科主题学习"的要求面临着诸多问题、困难和挑战,主要表现在以下几个方面。

（一）教育主管部门规划不细,指导不力

开展跨学科主题学习活动是让核心素养落地的重要途径和举措,如何确保跨学科主题学习活动的有效开展,避免"说起来重要、忙起来不要",让跨学科主题学习流于形式情况的发生,需要在市域、县域层面上出台一系列推动义务教育学校跨学科主题学习开展的制度、措施和管理办法。我们通过电话了解东营市两县三区教育研究部门和部分学校开展跨学科主题学习的情况:目前围绕跨学科主题学习还没有出台相关的实施方案、优秀案例评选办法、示范学校评

选办法、优质课评价标准等,推动跨学科主题学习还缺少切实可行的抓手,跨学科主题学习还处于启而不动、慢动阶段。可以说,没有教育主管部门通过一系列制度措施的强力推动和保障,跨学科主题学习依然是水中月、镜中花,甚至跨学科主题学习课时被挪作他用,让开展跨学科主题学习发展学生核心素养的初衷流于形式,浮于浅表。

(二)学校重视不够,落实不实

尽管近些年来跨学科主题学习在教育部和省级教育主管部门发布的文件中得到体现,尤其是在《中小学综合实践活动课程指导纲要》中提出了明确要求,但是基层学校并没有将这项有利于发展学生核心素养的举措落实好,综合实践活动课程被挪作他用的现象比较严重。近年来,部分学校借助STEM教育课题研究开展了跨学科主题学习实践探索,但是占比很小。面对新课程标准要求的各学科都要开展跨学科主题学习,学校层面上缺乏系统的规划和设计,缺乏主动意识,等待上级出台文件,等靠思想严重,也就是说,校长们还没有主动、积极地将跨学科主题学习提到议事日程上。

(三)教师培训不足,能力不强

义务教育阶段学校教师受长期传统学科教学的影响,本学科以外学科素养不高,角色转化慢,跨学科意识不强,跨学科主题课程资源设计能力不足,难以支撑学科融合课程的实施;教师角色转变较慢,学生无法真正成为学习的主体,影响核心素养的培养。过去学校没有重视教师跨学科教研、跨学科主题学习方面的课题研究、跨学科课程设计与实施,很多教师把缺乏学科知识有机融合的"多学科教学"当成跨学科主题学习,普遍对开展跨学科主题学习有畏难情绪,对于跨学科主题学习处于等待、观望状态,教师的思想观念亟须转变。再说,让学科教师拿出10%的课时开展跨学科主题学习,教师担心学科考试成绩下降,影响自己的考核,他们也是处于一种等待和观望中。

(四)教学设施陈旧,资源贫乏

跨学科主题学习是一种基于真实情境的实践性学习,根据学习的需要,可能需要方方面面的教学用具、教学资源,落实具体跨学科主题学习任务所需要的各种资源都能够积极地为学生开展真实的学习实践活动赋能。但是仅仅依靠学校现有的功能室、实验室的仪器设备和教学用具还不能满足实际需要,教学资源的缺乏或教学手段的局限化、城乡学校间的差距,客观上阻碍了跨学科融合目标的实现,也是跨学科主题学习有效开展的制约因素。

三、开展跨学科主题学习的对策

落实新课程标准要求,积极探索跨学科主题学习作为一种新的学习方式、新的课程样态在新课程方案和标准背景下的实践策略,充分发挥其实践育人的功能,推动跨学科主题学习活动的开展,是当下义务教育学校深化教育教学改革的重要任务。

(一)建立健全不同层面上推动跨学科主题学习有效开展的保障机制

第一,在市级教育科研部门成立跨学科教学指导专委会,建立跨学科学习教研联盟,积极构建市县区学校教育科研部门联动机制,建立开展跨学科主题学习的有关制度,制定区域内义务教育学校跨学科教学实施方案,指导跨学科主题学习课程的开发和跨学科教学实践的课题研究,组织开展跨学科主题学习优质课、优秀案例、优秀论文和跨学科主题学习示范学校评选活动,组织跨学科主题学习成果展示,通过评优树先,系统推动区域内跨学科主题教学活动的开展和实践探索。

第二,做好跨学科主题学习的督导与评价工作。建立跨学科主题学习督导评价制度和办法,强化跨学科主题学习的督导与评价,确保跨学科主题学习活动扎实有效开展。过去综合实践活动课程的课时被挤占挪用现象严重,同样的,跨学科主题学习活动如果没有严格的督导监督,跨学科主题学习活动流于形式、被学科教师挪用的可能性也是非常大的。教育主管部门要对学校开展跨学科主题学习活动情况建立督导检查评价制度;学校要将学科教师开展跨学科主题学习开展情况纳入年度考核;对跨学科教研、课程资源开发与实施情况进行考核评,确保跨学科教学活动有效开展;学科教师以过程性评价、表现性评价为主,做好对学生跨学科主题学习的评价,不仅要看最后学生呈现出来的"成果",更要看学生在完成学习任务的过程中,是否发展了思维,提升了合作品质及综合能力素养,要把跨学科主题学习的成效纳入学生综合素质评价。

(二)落实学校作为跨学科主题学习实施主体的责任

学校作为跨学科主题学习课程实施的责任主体,要认真落实新课程方案和标准要求,健全跨学科主题学习实施的管理机构和方案,要把跨学科主题学习教研纳入日常的教研活动中,扎实推动跨学科主题学习教研活动的开展、案例的开发设计与实施,积极构建具有学校特色的优秀案例资源库;要明确奖惩措施,将跨学科主题学习活动的开展纳入教职工考核考评,为跨学科主题学习活动的开展提供保障。

学校要结合自身实际,统筹考虑跨学科主题学习与综合实践活动课程的课时安排。教育部印发的《中小学综合实践活动课程指导纲要》中指出"综合实践活动是从学生的真实生活和发展需要出发,从生活情境中发现问题,转化为活动主题,通过探究、服务、制作、体验等方式,培养学生综合素质的跨学科实践性课程";《义务教育课程方案(2022年版)》中指出"综合实践活动侧重跨学科研究性学习、社会实践"。可以看出,跨学科主题学习与综合实践活动在课程性质上是相近的,都主张跨学科的实践活动。学校可以尝试探索将综合实践活动和跨学科主题学习结合在一起,把两者的时间统整在一起安排,实现跨学科主题学习和综合实践活动的有效整合。每所学校、每个主题都可以根据实际情况或者按照课程表分散开展,或者在一学期中拿出一周时间集中开展,各学校可以在实际探索过程中逐步完善实施方案。

(三)加强师资培训培养,提高跨学科主题学习的意识和能力

教师是实施跨学科教学的主体,是开展跨学科主题学习的关键。跨学科主题学习作为提升学生核心素养的一种新课程样态,需要广大学科教师熟悉跨学科主题学习的内涵、目标,具备开发、设计、实施课程资源的能力,熟悉探究式、合作式、项目式等教学方法,需要一大批各个学段和学科的种子教师、优秀教师的示范引领,带动市域学校跨学科主题活动的扎实开展,才能够实施好跨学科主题学习。如果教师以前熟悉STEM教育,那么新课程方案和标准中有关跨学科主题学习的要求就非常容易理解,开展跨学科主题学习也会得心应手。但是,中小学教师由于受传统学科教学方式的长期影响,对跨学科教学存在畏难情绪、模糊认识,甚至错误的认识。因此,要把教师的培训培养作为开展好跨学科主题学习活动的首要任务,努力做到通过市级种子教师培训、县区级重点培训、校级全员培训,实现教育行政、教科研部门,学校干部、教师全覆盖,通过培训变革育人方式,提升广大教师课程协同育人、实践育人的意识和能力。

第一,深化新课程方案和标准学习。东营市教育局充分利用国家中小学智慧教育平台、山东省教师远程研修平台和地市、学校组织开展的各类培训,不断加强2022年版新课程标准的学习培训,深刻领会新版课程方案和标准的内涵,变革教育方式,确保发展学生核心素养落到实处,培养适应课程改革需要、具有跨学科意识和能力的教师队伍。

第二,突破学科边界,开展跨学科教研。学校要围绕跨学科主题学习的内涵、跨学科主题学习与传统授课方式的区别、跨学科主题学习课程资源的设计开发与实施、跨学科主题学习与综合实践活动课程的区别与联系等进行跨学科

教研,在学校内既要组织本学科的教研,也要跨学科开展教研活动,建立"共同备课、协商上课"机制,设计"主题鲜明、问题真实"的跨学科学习活动,加强教研活动的监督,提高教研活动的实效,不断积累跨学科教研活动的经验。学校要积极组织教师开展跨学科听评课活动,为教师发现提炼课程融合的主题提供保障,努力提升教师的跨学科知识整合能力和跨学科素养。

第三,走出去,请进来。学校要积极选派教师参加各级各类有关新课程标准、跨学科主题学习方面的培训。同时,邀请熟悉新课程方案和跨学科主题学习的专家到学校开展专题培训,提升教师跨学科教学的认识和课程开发能力。东营市教科院连续多年组织开展了STEM教育经验交流现场会,邀请STEM教育专家开展专题培训,很好地促进了市域内STEM教育的发展和学科教师开展跨学科课程设计与实施的能力。同时,学校可以聘请家长群体中、社会上各行各业中热衷于志愿服务的科学家、工程师、医疗卫生人员等科技工作者走进校园,助力学校跨学科主题活动的开展。

第四,强化课题研究,推动跨学科主题学习走深走实。开展有关跨学科主题学习课题研究是促进教师熟悉跨学科主题学习有关理论知识,提升教师开发、设计、实施跨学科主题学习水平和能力的重要途径。近年来,东营市中小学积极参加具有跨学科内涵特点的STEM教育课题研究:有5所学校参加了中国教育科学研究院STEM教育研究中心的STEM课题研究;东营市教育局承担了山东省教育科学"十四五"规划课题《义务教育阶段STEM课程深度开发研究》;东营市教育科学规划领导小组也把STEM课题研究、跨学科等有关方面的内容纳入课题研究范围,通过课题研究培养了一批熟悉跨学科理念和跨学科课程资源开发的教师。跨学科主题学习作为新课程方案和标准的新亮点、新任务,需要广大教师积极开展课题研究,提升专业素质,推动跨学科主题学习走深走实。

(四)充分挖掘学校、家庭和社会的教学资源,为跨学科主题学习提供更多学习支架

跨学科主题学习活动作为课程的新样态,其实践性需要学校、家庭、社会提供丰富的软硬件环境和教学资源作为支撑,才能保证学生"动"起来的需要。我们要充分发挥和挖掘学校、家庭、社会教学资源,构建县域内、市域内跨学科教学资源的共建共享机制,为跨学科学习提供多种渠道的资源支撑。

1. 充分发挥学校各种教学资源的优势

学校是开展跨学科主题学习活动的主阵地。学校的计算机教室、科学实验

室、机器人室、无人机航模教室、3D打印实验室、传统文化教室、理化生实验室、陶艺室、劳技室、历史地理实验室、劳动实践基地、各种动植物园等,以及三维设计和开源硬件编程软件,都将成为教师开发设计跨学科主题学习课程的资源和开展跨学科主题学习学生用来亲身实践探究的场所。为了把跨学科主题学习开展好,学校应提供多类型跨学科学习支架,提高服务支持能力。在具体实践中,学校需要投入资金满足各学科教师开展跨学科主题学习购买学生实践材料的需要。

2. 充分挖掘学生家庭中的各种学习资源

家长学校要积极开展面向家长的培训,增强和提高家长科学教育的意识和能力,加强家长对变革育人方式的认同,推动学校和家庭协同育人。家长要根据孩子的年龄特点和认知水平,积极引导孩子参与家务劳动,借助家里的各种工具、玩具、电子产品等积极引导孩子在家庭生活中发现并提出自己感兴趣的问题,培养学生发现和解决生活中实际问题的能力。家长可以帮助孩子把家庭生活中发生的现象提炼成具有普遍意义的驱动性问题,为学校跨学科主题学习活动的开展提供帮助。家长要结合实际,积极利用闲暇时间带领孩子走进科技馆、博物馆等场所,积极参加探究式、体验式、合作式、沉浸式学习实践活动,开阔孩子的视野。随着社会的发展,学生家长受教育的程度和对教育的关注度越来越高,学校要通过家长学校对家长进行先进教育理念的培训,积极争取家长的配合和支持,形成家校共育的合力。"双减"背景下学生的课余时间多,家长要充分利用节假日与孩子一起参加亲子实践活动。东营市海河小学基于跨学科主题学习、项目学习理念,给全体学生布置了参加亲子动手实践创新活动这一寒假作业,得到了家长的广泛认可和积极响应,赢得了社会各界的赞誉。

3. 充分挖掘和发挥市域内社会上各种资源的潜力

学生走出校门体验生活、感受文化、了解社会、开阔视野、丰富阅历是培养综合素质的必然要求和重要渠道。社会上有科技馆、历史博物馆、鸟类博物馆、烈士纪念馆、湿地公园、青少年实践基地、自然保护区、现代化农业基地、红色教育基地、4D电影院、虚拟现实体验馆、美术馆、图书馆、快递分拣平台等众多资源,只要学校需要,完全可以采取"拿来主义",使其成为发展学生核心素养的重要资源。学校要积极筛选一批区域内的跨学科主题学习实践基地,挖掘开发一批跨学科主题学习课程资源,为辖区中小学开展跨学科主题学习提供服务,建立资源配备、协调、整合与共享机制。

4. 开展跨学科主题学习优秀案例征集活动，构建协同共享的跨学科主题学习课程资源库

学校要把跨学科主题学习课程建设作为开展跨学科主题学习活动的核心工作来抓。优质、适切的跨学科主题学习课程资源是开展跨学科主题学习的载体，也是扎实推进跨学科主题学习的保证，因地制宜、因校制宜地建设起包含各年级、各学科、各学期的跨学科主题学习课程资源库是跨学科学习主题活动行稳致远的重要保证。

要积极构建校级跨学科主题学习课程资源库。学校要建立跨学科主题学习领导小组，分管教学的校长主抓，教务科具体组织实施，各学科组长、各年级组长负责本学科、本年级的跨学科主题学习案例的设计、征集与实施。学校要借助大讨论向学科教师、学生和家长广泛征集基于学科、生活、科技和社会的驱动性问题或者任务并将其提炼转化为跨学科学习的主题，学科教师通过筛选征集的学习主题，通过跨学科主题学习教研确定需要设计开发的跨学科主题学习活动，层层抓落实，确保跨学科主题学习课程资源建设的实效性。学校要建立相对统一的跨学科主题学习课例格式模板，设计那些与学科教学联系密切、"学生跳一跳"就能学会的跨学科主题。同时，要借助跨学科主题学习课程促进教师专业发展，提升教师开展跨学科教学的能力和水平。

我们要借助县区市级不同层次的跨学科主题学习优质课、优秀案例评选分别建立起动态的县区级和市级跨学科主题学习课程资源库，面向辖区内广大教师开放，实现课程资源的协同共建共享，整体推进市域跨学科主题学习的开展。同时，要借助跨学科主题学习优质课评选，发现一批优秀教师、种子教师，引领带动市域跨学科主题学习的发展，推动跨学科主题学习活动走深走实。近几年，东营市开展的中小学英语剧评选、STEM教育案例评选就是一线教师结合学科教学开发设计的一些跨学科主题学习的典型案例。

在义务教育学校探索跨学科主题学习才刚刚起步，跨学科主题学习还有很长的路要走，需要一个逐步探索和完善的过程。学校要在落实新课程方案和标准的过程中坚持目标导向、问题导向和结果导向，勇于探索和实践，深化教育教学改革，将跨学科主题学习抓紧抓实，让学生经历真真切切的学习体验，感受运用多学科知识、技能、方法等协同解决问题并提升综合素养的价值和意义，养成在学习生活中自觉运用多学科知识解决实际问题的积极态度和习惯，让跨学科主题学习成为提升学生核心素养的有效着力点，成为教师专业发展的新契机，为创新人才培养赋能助力，不断推动教育的高质量发展。

第七节　STEM教育与基于项目的学习

开展STEM教育和跨学科主题学习活动，必须熟悉基于项目的学习（Project-Based Learning，简称PBL，也称为项目化学习、项目式学习）。基于项目的学习是一套行之有效的教学策略，是STEM教育的重要学习方式之一，也可以说基于项目的学习是目前STEM教育主要采用的学习方式。刚开始接触STEM教育的教师群体中，很多教师对基于项目的学习了解得不够深入系统，因此，弄清楚基于项目的学习的内涵、特征等要素，有助于开展STEM教育，是开展好基于项目的学习的STEM教育的重要前提和保证。

一、项目的定义

据有关资料记载，"项目"这个词语最早来自16世纪后期意大利的建筑工程教育运动。

MBA智库百科中如此定义项目："项目"一词最早于20世纪50年代在汉语中出现，是指在一定的约束条件下（主要是限定时间、限定资源），具有明确目标的一次性任务。项目是一件事情、一项独一无二的任务，也可以理解为在一定的时间和一定的预算内所要达到的预期目的。项目侧重于过程，它是一个动态的概念，如我们可以把一条高速公路的建设过程称为项目，但不可以把高速公路本身称为项目。安排一个演出活动、开发和介绍一种新产品、策划一场婚礼、设计和实施一个计算机系统、进行工厂的现代化改造、主持一次会议等，这些我们日常生活中经常可以遇到的一些事情都可以称为项目。

百度百科中这样定义项目："项目，是人们通过努力，运用各种方法，将人力、材料和财务等资源组织起来，根据商业模式的相关策划安排，进行一项独立一次性的工作任务，以期达到由数量和质量指标所限定的目标。"

美国项目管理协会（Project Management Institute，PMI）在其出版的《项目管理知识体系指南》（*Project Management Body of Knowledge*）中这样定义项目："项目是为创造独特的产品、服务或成果而进行的临时性工作。"以下活动都可以称为一个项目：开发一项新产品，计划举行一项大型活动（如策划组织婚礼、大型国际会议等），策划一次自驾游，ERP的咨询、开发、实施与培训等。项目有大有小：设计制作一个现实生活中的鸟巢可能是一个小项目，但是设计建设位于北京奥林匹克公园中心区、用于举办奥运会等大型体育赛事的国家鸟巢体育场可就是个国家级的大项目。

项目成为学生学习的载体。现代项目方法之父威廉·赫德·克伯屈是最早把"项目"这个概念引入教育学中来的。20世纪之初,他提出的设计教学法被普遍认为是基于项目的学习的前身,把项目定义为"热情且有目的的行动"。他将学生的动力作为项目方法最关键的特征,认为"不管孩子做什么,只要是有目的地进行,它就是一个项目",凡是需要积极学习的地方都需要实施基于项目的学习。

北京师范大学国际与比较教育研究院的杨明全教授指出:"项目"指的就是从问题提出到设计制作、最终到成果展示的完整活动,这个活动过程内在地蕴含着学生的学习(如对相关概念和原理的应用、对学科知识的建构、利用网络等技术手段收集并处理信息等),"项目"由此成为学习的载体。基于项目的学习就是一种建构性的教与学方式,教师将学生的学习任务项目化,指导学生基于真实情境而提出问题,并利用相关知识与信息资料开展研究、设计和实践操作,最终解决问题并展示和分享项目成果。

二、基于项目的学习的内涵和特征

基于项目的学习是通过实施一个完整的项目而进行的教学活动,其主要目的是在教学中将理论和实践教学有机地结合起来,充分挖掘学生的创造潜能,提高学生团队的合作意识和解决实际问题的综合能力等。基于项目的学习对教师来说是一种教学模式,对学生来说则是一种学习模式,还可以作为一种课程形态。基于项目的学习改变了以往教师讲、学生听的传统教学模式,真正把学生及其学习方式置于核心地位,能使学生充分调动兴趣、求知欲、已有知识、能力、意志品质等,创造性地解决现实世界中真实的、复杂的、富有挑战性的问题。在师生围绕同一个目标积极行动的过程中,学生的批判性思维和独立思考能力、解决问题能力、团队合作能力、创造力等都得到了锻炼、培养和提高。基于项目的学习对教师专业发展也有深远的影响,所以受到很多学校和教师的青睐。中共中央、国务院在《深化教育教学改革 全面提高义务教育质量的意见》中指出:"探索基于学科的课程综合化教学,开展研究型、项目化、合作式学习。"我们要积极开展国家课程基于项目的学习重构的实践探索,将学科知识进行项目式转化,实现基于项目的学习与国家课程的有机融合。

(一)基于项目的学习的由来

基于项目的学习在美国的公立学校里有着悠久的历史传统,可以追溯到19世纪和20世纪初期弗兰西斯·W·帕克(Francis W.Paker)的"项目教学"和约翰·杜威(John Dewey)的"做中学"那个年代。经过一段时间的销声匿迹,基于项目的学习再度被教育工作者提出,用于 21 世纪的教育。

现代意义上的基于项目的学习的源头可以追溯到 20 世纪早期杜威的"建构主义学习理论(Constructivism Learning Theory)"。它是一种建构主义理论下以学生为中心的教学方式,提倡体验型、动手型、以学生为中心的学习。建构主义是一种受到高度支持的学习理论,学生通过亲身体验带来的理解和同化来建构新的知识。在建构主义学习中,学生积极地参与"动手"过程中,而不是仅仅在接受教育。

(二)基于项目的学习的内涵

基于项目的学习是一种建构主义理念下以学生为中心和主体的教学方法,是一种合作性的学习方式。基于项目的学习主张学生以小组合作的方式,通过小组成员间参与、互动、合作,综合运用各学科已学知识,在合作学习的环境下,解决一个学生感兴趣的、吸引学生注意力的、复杂的、具有挑战性的现实世界中问题,或完成一项源于现实世界经验且需要深度思考的综合性任务,学生经历全过程,通过亲身体验、深刻理解来发展核心素养,培养学生解决现实生活中复杂问题的能力。在解决问题或完成任务的过程中,学生通过选定项目、明确驱动性问题、自主探究、制订计划、活动探究、设计制作、项目完成、结果展示、交流评价等环节,逐步习得包括知识、可迁移技能、创新思维方式、沟通交流能力、协作能力、价值观、信息素养等在内的 21 世纪技能和核心素养。

项目是学生感兴趣的、具有挑战性问题的复杂任务,它让学生在真实的项目背景下或情境中参与问题设计、问题解决、小组协作、决策或调查活动中。在项目实施过程中,学生的主观能动性、求知欲会被解决问题的需求激发,利用自己所学的多学科知识,通过一定时间内相对自主的学习实践,最终达成目标,生成现实产品。高质量的项目专注于核心概念,反映学科核心内容与外部世界的联系,是强调真实性、应用性、逻辑性的学生主动学习。我们要以项目为载体,借助基于项目的学习培养学生解决实际复杂问题的能力。

"没有兴趣就没有学习。"项目所蕴含的具有挑战性的问题就是项目的驱动性问题,也就是能够激发学生好奇心和兴趣的问题。驱动性问题是一个能够连接学习目标和项目实施过程的问题,是项目开展的核心,是判断基于项目的学习的标准之一,贯穿项目学习的全过程,始终伴随学生对问题的深入探究和相关学科知识的综合运用,推动学习进展;关联着多个学科,提供融合学习的机会;激发并维持学生开展深度学习,进行高阶思维的培养,很大程度上决定着项目质量的高低,可以说一个好的项目蕴含着一个具有挑战性的、学生感兴趣的、能够激发学生好奇心和求知欲的驱动性问题。

驱动性问题就像一个灯塔，激发学生探索的兴趣，引领学生向目标努力。驱动性问题可以说是基于项目的学习的灵魂。没有驱动性问题的基于项目的学习，只能沦为盲目地做项目、做产品、做活动，无法引发学生的浓厚兴趣和深度学习。驱动性问题的设计在基于项目的学习中起着至关重要的引领作用。提出问题、分析问题和解决问题是基于项目的学习的核心。下面是有关驱动性问题的两个故事：

被誉为"体育发明家"的云南省昆明市官渡区白汉场中心小学体育教师毕首金为解决边远山区学校体育器材短缺问题，40年来，他投入极大的热情和精力，因地制宜、变废为宝，利用木条、藤条、竹子、废电线、破轮胎、塑料瓶、废弃篮球、螺丝钉、铁链条、旧铁丝、PVC管、木头边角料……各种看似用处不大的废旧原材料，用刀、锯、锤等简易工具自制体育器材，给学生制作好玩又有用的体育器材100多种，共计1万多件，其中近40种为毕首金自己发明创造的专利品。正因如此，他被称为"山区学校'发明家'"、体育教师界的"爱迪生"。

2019年春节前夕，一个名为《啥是佩奇》的短片在网上迅速走红。该短片时长5分40秒，讲述了大山里的一位留守老人为给城里生活的孙子准备他想要的礼物"佩奇"，带着"啥是佩奇"这个驱动性问题，开始全村寻找"佩奇"和加工制作"佩奇"的故事。网上评论说"啥是佩奇？爷爷操盘的一个STEM项目"。了解STEM教育的人，看了这个短片后，会从心底里认可这确实是一个STEM项目——老人围绕给城里的孙子准备新年的礼物"佩奇"这一驱动性问题，开启了基于项目的学习的整个流程：一是提出问题。从真实情境导入，解决现实生活中的真实问题。二是准备阶段。为了完成大任务，要先广泛收集各方面的信息，进行知识准备和技能准备。三是项目实施阶段。设计解决方案，制作模型，优化模型。四是展示交流环节。尽管片中呈现交流的镜头，但大家可以想象孙子让爷爷介绍一下对"佩奇"的整个制作过程会给这个春节增添多少快乐。五是评价改进提升环节。老人最后也知道了什么是小猪佩奇了。这款爷爷版"小猪佩奇"的产生，本身就突破了对"佩奇"的一般认知。创意就是让司空见惯的东西变得不普通，相信爷孙这次会面交流后，"佩奇"还可以进一步升级。至于如何改进提升，那是爷孙俩的事。尽管这是个故事，但它完整地反映了一个STEM项目的学习流程，体现了驱动性问题在整个项目中的重要性。

以上两个故事，尽管都是个人的行为，而不是STEM教育倡导的小组合作，但是在他们两个人那里就是有很感兴趣的、具有挑战性的问题或者任务，他们无怨无悔、任劳任怨地想尽千方百计去实现目标，最后也达成了目标。如果学生经过教育，将来都具备了类似于这样的解决实际问题的能力，教育就成功了。驱动性问题就在我们的现实生活中,高年级的小学生想学骑自行车,工作需要我们学习驾驶汽车,生活需要我们自己学烤面包……都是蕴含着 STEM 教育理念和驱动性问题的项目。

基于项目的学习中的任务是学习者在实施项目或解决问题过程中需要完成的活动或者行动。在完成任务的同时,学习者能够对自己的思考过程进行控制和调整,一项任务往往包括多个环节或步骤。任务的类型通常有探究型任务、设计型任务、制作型任务、表现型任务、评鉴型任务等。不同的任务类型最终呈现的项目结果的表现形式也是不一样的。

(三) 基于项目的学习的特征

基于项目的学习是培养应用型、创新型、复合型、解决未来问题人才的重要学习方式。传统的学习往往表现为"学后用";基于项目的学习是问题驱动下的"做中学""创中学",强调以学生为中心和主体,强调学习者的主体性和自主性,学生可以自主选择学习项目,在发现和解决问题或者发现和完成任务的过程中进行自主决策。在项目实施过程中,学生由传统教育中那种被动的知识接受者变为主动的学习者和知识的建构者,教师作为项目实施过程中的规划者、指导者、引导者、促进者、协助者、支持者、评价者参与项目实施,而学生是整个基于项目的学习的主体和中心。基于项目的学习具有综合性、复杂性、实践性、体验性、开放性等典型特征。

(1) 综合性。一个项目往往是对学科知识的重构和拓展延伸,或者是对几门学科知识的跨学科融合。基于项目的学习是当前学习方式的一种重要的有益补充,包括学科内综合和跨学科综合的基于项目的学习。

(2) 复杂性。一个项目往往需要多个课时,甚至更长时间,目的在于培养学生解决现实生活中复杂问题的能力。因此,教师在进行课程设计时对于预设的问题的复杂程度要根据不同年龄阶段学生的认知能力和学科知识的掌握程度进行恰切的设置,既不能显得过于简单,也不能远远超出学生的认知范围和能力,挫伤学生的学习积极性。

(3) 实践性。基于项目的学习强调的是"动手做""做中学""创中学",对于幼儿园或者小学低年级的儿童更应注重和强调"玩中学"。基于项目的学习的这一特点区别于传统课堂上的以知识传授为主的学习模式。

(4) 体验性。基于项目的学习强调将学习置于真实的情境中,通过运用已有知识和能力解决现实中的问题或者任务,进而让新知识和能力得到发展。针对参与基于项目的学习的学生来说,基于项目的学习过程是一种切身体验的过程。

（5）开放性。基于项目的学习的结果不是唯一的，是开放的，允许失败，允许犯错误，学生需要从失败中总结经验、吸取教训来获得未来的成功；可以有多个不同的答案。任务是模糊的，但结果是明确的。例如：为了一条河两边居民的沟通交流和贸易往来，计划在河上建设一座桥。结果很明确，就是在河上建造一座可以连接河两岸并能安全通过的桥，而具体建设什么形状、什么材料构成的桥这一任务就比较模糊。

基于项目的学习从项目的规划到实施通常都以小组合作的方式进行。项目资源可以通过网络、书籍、学习资源库等渠道获取，学习过程可借助网络和多媒体技术、动手实践等完成。多环节、多任务、合作化的学习形式为学生营造了一个动态的、开放的、交互性的学习环境。

三、基于项目的学习的主要环节

在日常的教育教学和管理中，我们已经有很多实施项目的经验：学校运动会、六一儿童节文艺展演、研学旅行活动、教学研讨会等都要做好筹划。从这些经验中我们知道，要想达到理想的效果，明确的目标、缜密的计划和科学的评价是必不可少的。基于项目的学习课程在实施过程中通常包括选定项目、设计方案、实施项目、交流展示、评价改进、拓展应用等基本环节。

（一）选定项目

我们通过问题引入，提出一个需要解决的真实生活中的问题，并对问题进一步聚焦形成驱动性问题，确定可以研究的切入点，形成具体的研究项目。学生往往选择那些感兴趣的、能够激发热情、具有挑战性的项目。本阶段学生能够根据项目的要求确定、了解和认识研究主题，对项目主题产生探究兴趣和动力，提出项目所包含的驱动性的问题或者任务。这样能够培养学生发现问题、提出问题、生成问题的能力，尤其是生成驱动性问题的能力。同时，我们要明确依据学科课程标准、学生发展核心素养、21世纪技能（沟通交流能力、合作学习、责任担当、信息素养、批判性思维等）和教学目标要求，制定具体的学习目标，确保学生能够深入开展有意义的基于项目的学习。

在这个环节，教师要根据问题创设有意义的真实问题情境，调动学生的求知欲望，激发学生的学习积极性和主动性。

（二）设计方案或者制订实施计划

学生在已有学科知识和能力的基础上，首先借助网络、书籍等资料，围绕项目中的驱动性问题或任务进行理论的头脑风暴、实际的调查研究、需求分析、小组讨论,提供项目实施前所需要学习的相关背景知识和资源链接,规划制订出项目实施方案,初步确定实施流程,并对方案进行反复论证、多次迭代修改优化后最终确定实施方案、实施流程或者作品设计图纸等。此过程可以提高学生跨学科思考、选择方法、整体设计、形成思路和解决方案的能力,为后面的项目实施做好准备。

本阶段,我们可以设计制作一个方案制作表格(见表1-1),用以记录和优化方案的过程性资料。

(三) 实施项目

该阶段是按照项目设计方案进行施工或者加工制作的实践环节。借助项目设计方案的实施过程,我们可以提高学生动手实践、逻辑思维、制作产品的能力,提高学生承受挫折、寻求多种方法解决问题的能力,使学生逐步学会时间管理和项目管理,提高学习效率。在项目实施过程中,我们需要小组成员分工协作,对设计的作品或研制的方案等进行测试,寻找问题与不足,不断优化设计,共同完成整个项目。其间锻炼了小组成员之间沟通交流的能力和批判性思维。同时,由于项目实施时间较长,因此我们要引导学生注意保存项目实施的过程性资料,如有关项目计划书、材料清单、设计简介、设计草图、设计图纸、思维导图、照片、视频资料、有关图表、项目实施日志、小结、调查报告、笔记等都是非常重要的过程性资料,也是开展过程性评价的重要依据。项目的最后成果通常是为解决问题而设计完成的作品、方案、报告等。

表1-1 方案制定表

项目名称				
小组名称		组长		指导教师	
小组成员及分工				
驱动性问题(任务)				
材料设备清单				
实施过程				

(四）展示评价

各小组对完成的成果（可以是一个报告、一个方案、多媒体演示，也可以是物化的作品模型等）进行交流展示，向其他小组同学介绍设计思路、项目实施过程和收获体会；成果通过专家和不同小组间的评价，进一步明确项目实施各个环节和最后成果的优缺点和对产品改进的方向。

为了便于教师对基于项目的学习课程进行评价，在开发设计 STEM 课程、课例时都要根据课程培养目标，围绕学科素养目标（科学、技术、工程、数学等）和跨学科素养目标（关键能力目标：创新能力、沟通交流能力、合作协作能力和批判性思维）制定好评价对象和评价主体多元、评价内容多维的多个环节、多种形成性评价量规（量表）和总结性评价量规（量表），并在项目实施前告诉学生，以便教师对课程实施过程和效果进行有效评价。学习过程决定实际获得，基于项目的学习是非常重视形成性评价（过程评价）的教学模式，形成性评价是基于项目的学习的主要评价方式。我们在落实认知学习目标的同时，注重素养目标与学生社会性成长，积极探索表现性评价。

展示评价环节能够提高学生总结提炼、学术表达、有效沟通的能力，使学生全过程体验、感受成功带来的愉悦，能够培养其他小组成员的质疑和批判性思维能力，同时也让学生学会如何给予和接受来自不同小组同学的建设性反馈意见，提高学生接受正反两方面不同反馈意见、与同伴对话、深入分析、反思改进的能力。

在这个阶段，教师要鼓励学生借助多媒体信息技术等并用多种表现形式（如演示、演讲、PPT 课件、视频资料、文字、图表）来表达项目实施的过程、自己的思想和观点，展现小组的研究过程、研究成果和展望等。

（五）拓展应用

通过项目成果的展示与评价，项目实施者在明确了项目实施过程和最后结果存在的优缺点后，可以对作品进行进一步的改进和提高；还可以在所实施项目的基础上延伸和拓展出更多的问题，引导学生将研究成果应用到广泛的生活领域。

基于项目的学习通常以小组团队的形式开展，每个成员都完整地经历提出问题、规划方案、修订方案、解决问题、形成成果、展示交流、评价改进等各个环节和阶段。在持续的互动中，学生经历一系列复杂推理、探究、思辨、决策、知识迁移等综合性、复杂性的问题解决过程，获得知识与技能，实现实践应用能力、迁移创新能力、跨领域合作沟通能力等不断发展，学科观念、思维方法逐渐形成。这样的学习是基于学科又超越学科的综合性学习,是一种与现实世界和生活实际紧密关联的学习方式,是培养创新型、复合型、解决未来社会复杂问题人才的重要学习方式。

四、基于项目的 STEM 学习——基于项目的学习与 STEM 教育的关系

在时间轴上,基于项目的学习出现得比 STEM 教育要早。基于项目的学习与 STEM 教育是当前教育教学改革重点方向的不同侧面的理解:基于项目的学习主要是学习方式的视角,而 STEM 教育还兼有学习内容的视角。STEM 教育是当前具有国际影响的创新教育模式和创新人才培养方式,它倡导跨学科的整合的学习实践;基于项目的学习是 STEM 教育典型的学习方式,是确保 STEM 教育落到实处的重要措施和途径,它包含跨学科项目学习和学科项目学习,它希望推动更广泛的学科教学改革。基于项目的学习和 STEM 教育两者有着较大的交集,并各有丰富的内涵。

基于项目的学习通常是跨学科的学习,但对于跨什么学科并没有严格的要求,因此严格意义上说每一个基于项目的学习不一定都是基于项目的 STEM 学习;STEM 教育课例一定都是跨学科的,而且绝大部分是基于项目学习的。由于 STEM 教育还有基于问题的、基于 5E 模式的学习方式,因此有些 STEM 教育课例不是基于项目的学习的课例。

良好设计的基于项目的学习本身就是跨学科的,其本质也是合作性的,注重发展学生的高阶思维。STEM 教育的初衷是主张和强调偏重理工科的跨学科的交叉融合,严格地说,重点围绕着科学、技术、工程、数学、计算机科学、艺术等不同学科内容整合的基于项目的学习就是基于项目的 STEM 学习。也就是说,基于项目的 STEM 学习对跨学科融合的主要学科范围(科学、技术、工程、数学、计算机科学、艺术)进行了界定、强调和凸显。目前,大家对 STEM 教育的跨学科性的理解相对宽泛得多。但随着《义务教育课程方案和课程标准(2022年版)》的实施,我们应该把 STEM 教育的内涵回归 STEM 教育主张和偏重理工科的跨学科交叉融合的初衷上,而在新课程方案和标准中提出的"跨学科主题学习"是更泛化的跨学科融合。我们可以把 STEM 教育理解成更高阶的跨学科主题学习。

跨学科的基于项目的学习是 STEM 教育常见的、主要的实施方式,体现了 STEM 教育的核心特征,强调在真实的任务情境中学习、动手实践中学习,主张

"做中学""创中学",坚持以"学生为中心"。这样的学习过程是培养学生团队合作、解决问题、理性思维、批判质疑、勇于探究、技术运用能力的最好载体和平台。

基于项目的学习是对传统教学方式、教学模式的一种很好的补充,也是目前在各学科教学中比较推崇的一种学习方式,但不是主流的学习方式(教学模式),还不能取代传统的教学模式。由于基于项目的学习往往具有综合性、跨学科性和实践性,开展基于项目的学习通常需要多个学时,甚至更长时间,占用的学时较多。每门学科不可能全部采用基于项目的学习,否则课时不够,完不成教学任务。基于项目的学习是STEM教育的重要教学模式,或者说是主要的教学模式,但不是唯一的教学模式。

五、基于项目的学习和基于问题的学习的联系与区别

基于项目的学习、基于问题的学习都源于建构主义学习理论。建构主义学习理论是一种关于人类如何学习的理论。建构主义认为,学习活动不是由教师向学生传递知识,而是学生根据外在信息,通过自己以往累积的背景知识建构自己知识的过程,也就是说,人们是通过体验和反思来构造自己对世界的认识和知识的。

由于基于问题的学习(Problem-Based Learning,简称 PBL)和基于项目的学习(Project-Based Learning,简称 PBL)的英文缩写完全一样,二者在实践中经常让教师感到困惑,有些初步接触的人弄不清楚二者的区别和联系。因此,了解一下基于问题的学习的有关内容是必要的。

(一)基于问题的学习

基于问题的学习是指在复杂的、有意义的实际问题情境中,通过引导学习者合作解决真实性问题而进行的学习,其目的主要是学习隐含于问题背后的科学知识,形成和发展有效的问题解决技能、自主学习和终身学习技能,成为积极的、有效的合作者。在日常的教学过程中,教师经常用到基于问题的学习,它也是STEM教育学习的一种方式,它鼓励学生带着现实世界中的任务学习:教师提出一个特定的复杂的问题,并使用探究方法让学生研究解决问题的方案。

解决问题就是学习。基于问题的学习最早出现在医学教育领域中,是让学生在实际问题情境中学习,让他们把所学知识和实际生活联系起来,以此培养学习兴趣和学习主动性,进而建构知识框架;强调把学习设置到有意义的真实问题情境中,通过学习者的自主探究与合作来解决问题,学习隐含在问题背后

的知识中,有助于培养学生创造性解决问题的能力。基于问题的学习不仅在医学、建筑学、教育学等领域的教学活动中广泛应用,还扩展到科学研究、项目管理、工程实践等领域。

(二)基于项目的学习和基于问题的学习的相同之处

(1)理论基础相同。二者有着共同的理论基础,都是建构主义取向的教学或课程实践模式,具有相同的理念和方向,从本质上是一致的,二者之间没有很明显的界限,经常是结合在一起实施的。项目活动的设计,通常也需要围绕某个问题的解决而展开。随着时代的发展和社会的进步,基于项目的学习和基于问题的学习在教育领域已经走向融合,共同发展成为以学习者为中心的教学模式或课程模式,为发展学生的深层推理、协作、自主学习、问题解决等高阶技能提供了可行方式。有学者甚至认为完全可以把两者统一在一个共同的模式下(如图1-1所示),称为广义的"基于项目的学习"。

(2)从知识观来看,基于项目的学习和基于问题的学习都强调学生在团队合作过程中,通过对真实情境中的问题或项目进行积极的探究,实现对知识的主动建构。

(3)从学生观来看,基于项目的学习和基于问题的学习都主张以学生为中心,以学生实现自主学习、自主探究为目标。

(4)从教师观来看,基于项目的学习和基于问题的学习都反对传统的传授式或命令式教学,而倡导教师对学生的学习过程发挥积极的指导与促进作用,教师的角色定位是指导者、促进者、协助者。

(5)基于项目的学习和基于问题的学习都突出强调学习过程的组织是以问题和项目为中心的,而不是以知识传授为中心的。

(6)基于项目的学习和基于问题的学习都是STEM教育常用的教学模式或学习方式。

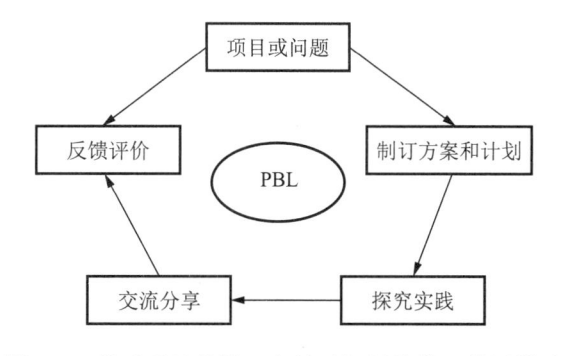

图1-1 基于项目的学习和基于问题的学习共同模式

(三)基于项目的学习和基于问题的学习的不同之处

(1) 尽管基于项目的学习和基于问题的学习的英文简称都是 PBL,但是基于项目的学习可以追溯到 19 世纪,"项目"这个词来自 16 世纪后期意大利的建筑工程教育运动;基于问题的学习最早出现在 20 世纪 60 年代,起初应用在医学教育领域,如今越来越多的领域开始采用这种方法,尤其是教育领域。

(2) 基于项目的学习和基于问题的学习的外延不同。基于项目的学习所说的项目更加宽泛,外延大,往往包含基于问题的学习。有学者认为基于问题的学习可以被归类于基于项目的学习的一个子集,教师构建基于项目的学习的其中一种方法就是让所研究的项目被用于"解决问题";基于问题的学习是放大了基于项目的学习中"解决问题"这一部分,不是所有的基于项目的学习都需要以解决问题为导向。

(3) 基于项目的学习更多地用于学科知识体系比较健全的高年级学生;基于问题的学习更多地用于学科知识不健全的低年级学生,通常开展基于问题探究的学习。

(4) 基于项目的学习和基于问题的学习在具体教学实践中运用的领域不同。基于项目的学习通常是以跨学科的学习为主,基于问题的学习通常用于具体单一学科领域的教学。

(5) 基于项目的学习和基于问题的学习学习时间长短不同。基于项目的学习持续时间较长,短则 2~3 个课时,长则数周、数月、一个学期,甚至更长;基于问题的学习持续时间较短,如有关"中国二十四节气"主题项目的基于项目的学习就是一个为期一年的学习项目,这个项目将为学生提供提高观察、比较、数据收集、归纳汇总和分析等方面能力的机会。

(6) 基于项目的学习,在项目完成之际需要学生呈现的通常是一件作品、一个方案、一件制品、一份调查报告等;基于问题的学习,起点是解决一个问题,最终需要呈现的通常是问题解决的方案,而不必创造一个产品。

第二章
小学 STEM 教育研究与实践的路径

　　STEM 教育作为一种先进的教学理念，从引进学习，到消化吸收，再到实践创新，从抵触到认同接受，从知之不多到知之较多，都需要一个过程。如何让先进的教育理念更好地服务于师生，服务于我们的教育现代化强国建设，需要我们在实践中去积极地探索。一种先进的教育理念从初次的接触和无意中的关注到最终的实践运用，无外乎经过外在培训、自主学习、课题研究、论文撰写、课例打造、课程资源建设、课程实施空间建设等客观的和主观的系列环节和过程，有些环节和过程可能还需要投入很大的功夫和资金。

　　要想更好地发展 STEM 教育，我们必须结合我们的国情、市情、校情，将 STEM 教育本土化，努力做到因地制宜、因校制宜，遵循教育规律，遵循 STEM 教育自身对教育的影响力，按照事物的发展规律，循序渐进地在思想上、行动上，在软硬件建设配备上，协调发展，积极开展 STEM 教育。

第一节　小学 STEM 教育的现状

　　目前 STEM 教育的实践在不同地区、不同学校还存在很大差距，发展也很不平衡：一方面，很多地区和学校 STEM 教育搞得扎扎实实。例如：香港特别行政区中小学的 STEM 教育可以说走在了我国的前面，我国内地做得比较好的是浙江省、江苏省、陕西省等。浙江省自 2016 年启动 STEAM 教育探索，2018 年、2019 年、2020 年、2021 年连续四年召开了三届浙江省中小学 STEAM 教育大会，极大地促进了全省 STEAM 教育的发展。江苏省已经召开了四届全省 STEM 教育大会。江苏省 STEM 教育协同创新研究中心历时两年多，研制了全国首个省级基础教育 STEM 课程指导纲要。2018 年 9 月 27 日，江苏省第二届

STEM教育大会发布了《江苏省基础教育STEM课程指导纲要(试行)》,计划在3~5年,全省中小学、幼儿园普遍开展STEM教育实践。2019年1月,陕西省教育科学研究院旨在全面推进陕西STEM教育发展,响应《中国STEM教育2029行动计划》,公布了《陕西STEM教育2029行动计划》,开发设计了从幼儿园到高中的STEM课程,推进全省基础教育全学段STEM教育有效开展。同时,在全国范围内开展STEM教育较好的中小学主要是参与了中国教育科学研究院"中国STEM教育2029行动计划"课题研究的第一批、第二批和第三批课题研究的学校,以及全国STEM教育领航学校、种子学校等。另一方面,也有不少的地区对STEM教育关注度不够,很多学校和教师对STEM教育知之不多,STEM教育还处在起步阶段。目前绝大部分省市仍然存在缺师资、缺课程资源、缺认同、缺深入研究、缺评价的现状。

第二节　制约小学STEM教育发展的因素

理清小学STEM教育推进过程中存在的问题,有利于更好地推进STEM教育的健康发展。小学STEM教育存在的问题主要表现在以下几个方面。

一、开展STEM教育的师资匮乏

开展STEM教育,师资是关键。目前开展STEM教育较好的小学大多是有国家级STEM教育种子教师的学校,以及参加了"中国STEM教育2029行动计划"课题研究的学校和被命名为"领航学校""种子学校"的学校。这些学校的少数教师(通常是信息科技和科学学科教师)多次参加了正规的国家级和省级STEM教育培训,成为本学校或所在辖区小学STEM教育的推动者和引领者。但是这样的学校在同类学校中的占比很小。目前熟悉STEM教育理念和理论的教师匮乏是不争的事实,具备STEM素养、能够跨学科进行STEM课程开发设计、开展STEM教育实践的教师还不能满足开展小学STEM教育的基本需求。可以说,师资匮乏是制约小学STEM教育发展的关键和瓶颈。

二、缺乏开展STEM教育的课程资源和软硬件资源

STEM教育师资的严重匮乏,致使STEM教育课程的设计开发严重滞后,没有STEM课程又使得STEM教育的实践成为一句空话。同时,开展基于项目的STEM学习的软硬件资源又往往因为学校缺少"STEM教育的明白人"和缺

少"发现 STEM 教育资源的眼睛",而没有很好地与 STEM 教育相结合,还不能满足 STEM 教育实践的需要。

三、STEM 教育实践质量和效果参差不齐

STEM 教育课程作为一门非必修课程,由于缺乏科学的评价标准指引,在 STEM 教育实践中浮于表面、浅尝辄止的多,深度学习和探索的少;在 STEM 课例开发设计方面,"拿来主义"的课例多,具有独创性的课例少;学校层面上面向少数学生的 STEM 教育特色社团多,面向全体学生的教育实践少。有的简单地把创客教育、科学教育贴上 STEM 教育的标签,深入的学科融合探索还不到位;在 STEM 教育实践中还存在"重视学习结果、轻视学习过程"等违背 STEM 教育理念的认识误区。

四、良好的 STEM 教育生态环境还没有形成

STEM 教育理念作为一种先进的教育理念还远远没有引起全社会的关注,至少,在我们教育界还没有引起广泛的、足够的关注和重视,只有少数学校、少数学科、少数教师在学习、探索、研究和实践 STEM 教育。在考试制度和评价制度改革不到位、以知识传授和习得为主的传统学习模式占据主导地位的情况下,考虑到 STEM 教育实践可能对考试成绩、升学带来的负面影响,也是部分学校对开展 STEM 教育犹豫观望的重要因素。有些校长思想观念陈旧,缺乏现代化教育理念和信息技术素养,对 STEM 教育的软硬件资源和环境建设重视不够,甚至不认同和抵触 STEM 教育。目前开展 STEM 教育的教师都是兼职的,有的是科学教师,有的是信息科技教师,有的是物理教师,等等,打造跨学科 STEM 教育项目难度大且往往需要日常工作之外的大量时间和精力,在学校开展 STEM 教育激励机制不到位的情况下,教师积极性不高,这也是制约 STEM 教育推进的一个因素。

另外,学校、家庭、社会、企业、非营利机构和社区等共同关注和参与 STEM 教育的良好氛围和环境还没有形成。

STEM 教育作为在我国新兴的一种教育形式,在实际教学的探索和实践中,大多数人对其理论把握得不够深刻,导致一线教师对课程的开发和实施也把握不当。在 STEM 教育实践中,还存在功利化、利益化现象,存在不顾 STEM 教育本真、学校和学生具体实际,好大喜功,对外追求所谓的教育理念先进超前,热衷于 STEM 教育的物化,迎合上级对 STEM 教育的重视,有的甚至追求经济利益和竞赛成绩等现象。

第三节　小学开展 STEM 教育的策略

在小学推进 STEM 教育,有赖于系统的顶层设计,有赖于跨部门的协同合作和全社会的共同参与,更有赖于基层学校的实践探索,将好的教育理念通过实践转化为学生的知识和能力。热衷于 STEM 教育的良好师资、适切的基于项目学习的 STEM 课程(体系)、丰富的实验器材和软件资源、优良的教学实践场所、时间上的保障等都是扎实有效开展 STEM 教育的必要条件。针对当下小学 STEM 教育存在的问题,积极探索化解问题和推进小学 STEM 教育的有效策略,是扎实推进小学 STEM 教育的当务之急。

一、加强 STEM 教育师资培训,为 STEM 教育开展提供保障

师资是 STEM 教育资源中最宝贵的人力资源,师资培养是当下推动 STEM 教育科学发展的首要任务。现代管理大师彼得·德鲁克(P.Drucker)曾经说:"企业只有一项真正的资源:人。"对于一所学校来说也是如此。著名的教育家陶行知先生说过:"一个好校长就是一所好学校。"同样,一个好教师能带动学校一门学科的发展。对于 STEM 教育来说,教师是制约其发展的瓶颈,也是推动其发展的关键。没有师资,再好的 STEM 课程也无法实施;没有师资,再好的软硬件资源也发挥不了育人的作用。加强师资培训,建设一支具有 STEM 素养的高素质专业教师队伍是有效开展 STEM 教育的前提和保障。因此,我们要以中国教育科学研究院制定的《STEM 教师能力等级标准(试行)》和"中国 STEM 教师能力等级测评系统"为统领,从以下几个方面加强小学 STEM 教育师资队伍培训和建设。

(一)全员培训,提高熟悉 STEM 教育理念教师的数量

理论是实践的指南。我们要采用体验式培训方式,帮助教师从学生角度去感受和学习 STEM 教育新理念,熟悉材料的使用方式,从而使教师可以更积极地投入教育改革中来。我们要把 STEM 教育理论的培训作为教师的通识培训内容,让所有学科教师都熟悉和了解 STEM 教育的基本内涵、基本特征和基于项目的 STEM 教学方法。通过培训,我们要让广大教师深刻认识到 STEM 教育理念与我们发展学生核心素养的教育理念的高度契合和培养目标的一致性,形成思想认识上的高度统一;要让广大教师成为 STEM 教育理念的学习者、探索者、研究者、实践者、推动者、宣传者、传播者,要让 STEM 素养成为教师的一种

基本素养。可以说,没有广大教师对 STEM 教育理念内涵的深刻理解和认同,就不可能有 STEM 教育在学校的真正落地。

与 STEM 课程资源、硬件设施设备、实践场所等外在因素相比,教师对 STEM 教育内涵的理解、自主创新能力的发挥和因地制宜利用资源的意识显得尤为重要。当 STEM 教育理念融入广大教师的心灵,教师的 STEM 素养就会不自觉地迁移到日常的学科教育和现实生活中去,培养学生的 STEM 素养将会成为教师不用提醒的自觉行动,那时我们有理由相信 STEM 教育是成功的。从 2019 年起,山东省教师远程研修中增加了小学 STEM 教育学习模块就是推动小学教师了解、认识 STEM 教育的一个重要举措,是提高全体教师 STEM 素养的有益尝试。

(二)重点培养,确保 STEM 教师的质量

各级教育主管部门和学校要高度重视 STEM 教育种子教师的培训,充分发挥种子教师"以点带面"的示范引领和传帮带作用。同时,要把科学教师、数学教师、信息科技教师等与 STEM 教育联系更为密切的学科教师作为重点培养对象,通过"走出去,请进来"等形式进行重点培养和培训,形成学校 STEM 教育教师团队,扎实推动 STEM 教育有序开展。东营市教育科学研究院两年来先后组织了课题研究学校、领航学校和种子教师参加国家和省级层面的高端 STEM 理论培训;在市域范围内利用"请进来"的高水平专家,面向小学科学和信息科技学科教师进行培训;组织来自当地一线小学"先行一步"的专家进行实践经验报告,提高教师开展 STEM 教育的水平。

(三)借助外力,拓宽 STEM 教育师资来源渠道

学校还可以通过聘请有经验且热衷于科技创新教育的退休老教师、家长群体里面优秀的专业技术人员、大学教授、科技馆专家、企业的工匠等来解决师资问题,积极开展 STEM 教育。

二、加强 STEM 教育课题研究,提高教师 STEM 教育理论水平和实践能力

坚持以课题研究为引领。由于 STEM 教育是我们引进的一种教育理念,开展 STEM 教育课题研究是深入学习 STEM 教育理论、推动 STEM 教育实践的重要而有效的渠道。我们要通过"中国 STEM 教育 2029 行动计划"课题研究,在校内或者区域内建立由科学、信息科技、数学、美术等不同学科教师参加的 STEM 课题研究团队和协同中心,通过课题研究锻炼和培养一支在 STEM 理

论研究、课例打造、实践探索等方面的行家里手,以点带面,推动本校和区域内STEM教育的发展。

三、推动学科实践教学,发挥学科教育是STEM教育主阵地的作用

学科教育是STEM教育的主阵地。我们要将STEM教育理念融入每一门课程,让STEM教育理念与学科教学相融合,改变从知识到知识、从书本到书本、从经验到经验的教学方式,积极探索STEM教育理念引领下的基于学科的课程综合化教学。每门学科都拿出适当的时间开展基于STEM教育理念的基于项目的学习,培养学生的综合素质,STEM教育才能行稳致远。目前STEM教育既不属于国家课程,也不属于地方课程,只能以校本课程或者综合实践活动课程的身份出现在学校里。STEM教育作为一种跨学科融合创新的理念,很好地融合到各学科教学中,也就是在学科教学中融入STEM教育理念,借助学科教学培养学生的STEM素养,是目前STEM教育最好的推广形式。

四、加强STEM教育课程资源建设,为STEM教育的实践探索提供载体和支撑

(一)加强STEM教育课程资源库和课程体系建设

STEM教育课程是落实和实现STEM教育理念和教育目标的主要载体、具体措施和途径。要想让STEM教育在学校真正落地,行稳致远,适切的STEM教育课程是关键。在小学阶段,把教材章节或单元的内容通过重构打造成基于问题的、基于项目的、基于设计的、基于真实情境的STEM教育学习课程,是目前科学、信息科技等小学课程中融入STEM教育最适切的整合方式。这种形式有助于发展学科核心概念,培养核心素养,基于核心概念和学习进阶,实现科学、数学、技术、工程和艺术等的整合,是STEM教育健康发展的驱动力。我们要本着来源于国家课程服务于国家课程、来源于现实生活服务于现实生活的原则,按照学生的认知特点和学科特点去打造基于项目的学习的STEM课例。如小学科学学科,从小学1~5年级每个年级分别打造至少1个优秀的、典型的STEM教育项目,让每个学生在小学阶段接受以科学学科为主的至少5个涵盖不同内容的、成体系的STEM教育基于项目的学习课例。

同样,信息科技、数学等学科也可以照此开发STEM教育项目学习课例,逐步构建起较为完善的学校STEM教育课程体系。

STEM教育课程的精髓和核心是跨学科融合。我们可能很难找到一个精通科学、技术、工程、数学的全科教师，但是我们完全可以通过不同层级的培训和教师的自学等途径让教师具备STEM素养，教会学生所需要的面对未来的知识。我们在开发一个项目时，完全可以通过不同学科优秀教师之间的合作而不是单打独斗来实现；实施基于项目的学习的STEM教育课程时，不同阶段可以有不同学科的教师指导。东营市海河小学科学教师在打造"防沏底蒸锅箅子"STEM项目时，就是科学教师的思路和信息科技教师的3D打印技术的有机结合。项目实施后，学生制作的"防沏底蒸锅箅子"模型获得第三十三届山东省青少年科技创新大赛优秀青少年科技创新成果二等奖。

无论是大项目、课时多的项目，还是小项目、课时少的项目，只要是能够充分体现STEM教育的核心特征——跨学科性，以及具有一定挑战性、学生感兴趣的、有利于培养学生STEM素养的项目就是好项目。同时，我们要确保每一个课例的科学性、适用性和可操作性，要确保学生总是在其"最近发展区"中学习和进行实践体验，以使STEM教育教学实践活动能最大限度地促进学生的发展。

各级教育主管部门要积极开展辖区内不同学校、不同年级、不同学科优秀STEM课例的评比评选，建立不同学科的优秀STEM课例资源库，逐步形成不同年级、不同学科的STEM课程资源库，并面向辖区内师生开放和共享，营造浓厚的、良好的STEM教育软环境，并以此推动STEM教育更好地开展。

（二）要为STEM教育的实施构建良好的软硬件环境

基于项目的STEM教育实践需要丰富的仪器设备、实验材料等硬件资源和软件资源来保障。我们要本着"围绕现有器材打造项目，围绕项目配备实验材料"的原则，不断丰富STEM项目实践所需的实验材料。小学要充分利用现有的计算机室、科学实验室、3D打印创客实验室、机器人室、无人机航模、陶艺室、综合实践活动室、数学创新思维课堂等各种功能室开展基于项目的STEM学习，要配齐必需的软件资源，如三维建模设计软件、Scratch等开源硬件编程软件、人工智能编程软件等。目前很多企业厂家专门开发设计了很多小学STEM教学项目及其配套实验材料，学校也可以根据实际需要有针对性地采购。开展STEM教育有时用到的材料是不确定的，如木工的、电工的等，有时甚至需要自己加工材料。因此，学校平时要做好各种实践材料的储备和必要的加工工具的配备。

五、积极构建良好的STEM教育新生态

"STEM教育生态是以学习者为中心构建包括学校、校外机构、场馆、企业、社区、基金会等机构在内的协同互助系统。"构建STEM教育新生态的目的在于调动全社会的力量来形成家庭、学校和社会"三位一体"的STEM教育的合力,形成全民STEM教育的共识,为STEM教育的推进和科学发展营造良好的环境和氛围。

校内STEM教育是主渠道。尽管目前STEM教育不像国家课程一样有规定的课时要求等,但是可以在校内充分利用校本课程时间、科技周、文化节、综合实践活动课程时间、下午放学后的课后服务时间等开展STEM教育实践。

在发挥校内课程资源和校内STEM教育主渠道的同时,学校还可以利用寒暑假等节假日时间组织学生开展校外STEM教育实践:师生通过参加科技创新大赛、机器人比赛等活动提高自身的创新能力;通过参观科技馆、博物馆、VR/AR体验馆、现代化企业等场所开阔视野,培养创新思维。

不断加强STEM教育软件空间建设。我们要建立健全区域STEM教育协同创新中心,积极开展区域内STEM教育领航学校、种子学校的创建和种子教师的培养工作;建立健全STEM教育培训制度和STEM教育协作联盟、跨学科基于项目的学习小组等组织,并定期开展研讨活动,经常组织开展基于项目的学习研讨会、基于项目的学习案例征集、基于项目的学习公开课和优质课比赛、基于项目的学习设计大赛、基于项目的学习周等系列活动,系统推进STEM教育的发展。

各级教育主管部门和学校都应该出台相应的激励政策,对STEM教育开展得好的学校和为STEM教育发展做出突出贡献的教师给予表彰奖励,作为推动STEM教育快速发展、营造良好STEM教育生态的重要抓手。学校要通过校内外联动、家校合育、宣传培训等途径积极构建和营造家庭、学校、社区、非营利机构、校外场馆、企业等全社会关注和支持STEM教育发展的教育新生态。

六、加大资金投入,推进STEM教育现代化学习空间建设

STEM教育的一个突出特点是体验性,要求学生动手实践,在"做中学""玩中学""创中学""实践中学",不是过去传统教学中的"讲中学""听中学"。学校如果没有开展体验、实践的硬件条件,只让学生在教室里接受理论的熏陶和灌输,这样的STEM教育是没有意义的。为了更好地推动STEM教育发展,学校必须具备相应的软硬件和适宜的场地环境条件,为STEM教育的发展提供保障和支撑,避免纸上谈兵、坐而论道。我们要通过加强STEM教育空间建设和

持续的 STEM 课堂教学实践,开发出适合学生的 STEM 课程,努力让 STEM 教育惠及最广泛的学生群体,让科学思维和创新能力成为每个学生的成长基因。

(一)建设满足学生动手实践的 STEM 教育活动室

STEM 教育教室既要注重硬件设施的建设,又要注重软件课程资源的开发和打造,所以中小学 STEM 教育教室应具备普适性的创新教育职能。通过引入先进的科学教具,整合校内外课程资源,研发专业课程体系,引进优质课程资源,确保建设模式与课程内容相匹配,满足教学、制作、活动的开展,打造先进、专业、功能齐全的 STEM 教育教室或者是实验室。

(二)充分挖掘学校现有的或者准备新建的实验室的 STEM 教育功能

学校现有的或者准备新建的科学实验室、3D 打印创客实验室、机器人实验室、航模实验室、开源硬件编程实验室、数学益智课堂、创新思维实验室、DIY 空间、综合实践实验室、电工工具、木工工具、钳工工具等,都可以经过精心打造,成为开展 STEM 教育的空间,为开展 STEM 教育提供服务。

七、推进基于项目的学习的常态实施

STEM 教育的特点之一就是转变学生的学习方式:改变学生仅仅通过听中学、看中学、讲中学和机械练的学习现状,积极探索跨学科、项目化、做中学、创中学等学习方式,以提高学生的综合素质。

基于项目的学习是培养学生核心素养的学习方式,要通过学科项目学习赋能学科教学,重视学习内容的综合化。一是每门学科都要按要求开展一定学时的基于项目的学习,让基于项目的学习融入学科教学、赋能学科教学。二是学校要拓展丰富的综合实践课程、劳动课程和研学旅行课程等,让综合性、实践性的活动更常态化更深入地开展,推动创新教育、核心素养和综合实践教育更好地发展,实现学习方式和教学模式的转变。三是学校要制定学科教学中项目学习的制度化措施,在教学计划中整体设置项目学习的时间,让学生在学校的活动中呈现出项目学习的特点。也就是说,融入学科学习,融入课程发展,融入学校教学计划安排是推进基于项目的学习的三条基本途径。

第四节 STEM 教育实施过程中的注意事项

STEM 教育作为一种新型的教育理念,如何与中国教育实际相结合,如何在中小学教育中真正落地,做到行稳致远?在加强师资培训、课程开发和实施的过程中,我们需要厘清一些模糊认识,以避免在STEM教育中跑偏和走弯路。

一、正确对待STEM教育与传统教育的区别和联系

传统教育的特点是以课程为中心,以教师为中心,讲授式教育,学生通常是在"讲中学""听中学",学科教学更侧重于知识传授和习得,注重考试,重视结果;STEM教育的特点是跨学科整合,以学生为中心,科学探究式学习,更注重实践探索,更注重学习的过程而非结果,更强调的是在研究问题、探究问题的过程中获得能力和素养,在"做中学""创中学"的过程中学习和培养STEM素养。教师在项目式教学中不应只是单一的知识传授者,还应是项目的管理者、协助者、指导者、引导者和评价者,是导师或教练。就评价而言,传统教育的评价更侧重于借助纸笔测试得来的最后的考试结果;而STEM教育基于项目的学习的评价中,教师要把注意力从终结性评价转移到形成性评价上,对于基于项目的学习过程中的人际沟通、合作给予更多的关注,更关注学生获得能力和素养过程的表现,即分析问题的过程、研究问题的过程、探究问题的过程和解决问题的过程中的表现。在具体实践中,要通过传统教育与STEM教育的融合、整合与统整,找到二者之间的结合点,使二者相融相生、相得益彰,使得STEM教育成为开展素质教育、发展学生核心素养的有益补充。

二、正确处理STEM教育课程与国家学科课程的关系

STEM教育是一种理念。这种先进的理念的实现也需要通过课程这个载体和平台来实现。那么,STEM是课程吗?如果说STEM是课程,那么STEM课程也是综合实践活动课程的组成部分,STEM课程的体验性、综合性、活动属性等都属于综合实践活动课程,是综合课程。学科之间从来都不是绝对独立的,学科之间都或多或少地存在着联系,只是我们从来没有像今天这样重视学科之间的联系。STEM教育是关于科学、技术、工程、数学等多学科融合的综合教育。STEM教育课程在国际上一般就称为"综合课程"。STEM教育课程是跨学科的、融合的,国家课程是分学科的;STEM教育培养的是综合素养,学科教育培养的是学科素养。2019年6月印发的《中共中央 国务院关于深化教育教学改革全面提高义务教育质量的意见》中指出,"开齐开足开好国家规定课程,不得随意增减课时、改变难度、调整进度",以及"严禁用地方课程、校本课程取代国家课程,严禁使用未经审定的教材"等。与国家课程的地位相比,STEM课程只能是作为培养学生创新能力和综合素质、发展学生核心素养的有效途径和国家课程的有益补充,它的角色可以定位为非必修课程、校本课程、选修课程或综

合实践活动课程。目前 STEM 教育课程替代国家分学科课程是不可能的,也是不允许的。清华大学附属中学校长王殿军说过,STEM 教育课程永远替代不了学科课程,只能作为学科课程的有益补充。

三、正确认识传统课堂与 STEM 教育课堂的联系与区别

正确认识二者的相似之处和不同之处,有助于我们加深对项目学习和项目教学的认识。两种课堂教学的区别见表 2-1。

表 2-1 传统课堂与项目教学课堂的区别

传统课堂的特点	项目教学课堂的特点
明确定义的任务	模糊定义的任务
松散定义的结果	明确定义的结果
个人学习	合作性小组学习
教师是知识的给予者	教师是学生获取知识的协助者
目标驱动	标准驱动
单一科目或主题	多学科交叉
教科书驱动	问题驱动
基于获得相应技能的讲授	基于学习和课程需要的讲授
成功取决于等级	成功取决于表现
在教师指定的挑战内容下开展的个人活动	结合自我确定的挑战内容而开展的合作性活动
注重分段性内容	注重累积性的表现
依赖性解决问题	独立性解决问题
狭隘的课程	综合的课程
以考试和测验评估知识的习得	以项目学习结束时累积性手工制作或体验来确定所获得的知识

资料来源:罗伯特·卡普拉罗,玛丽·卡普拉罗,摩根. 基于项目的 STEM 学习[M]. 王雪华,曲梅,译. 赵中建,审校. 上海:上海科技教育出版社,2016:79.

四、整合效果并不一定越多越好

一个优秀的 STEM 课例不一定是四门学科或更多学科的融合、整合,明明是三门学科融合的项目,没必要非得整成四门学科融合的项目,不是越多越好,切忌主次不分,牵强联结所有学科。要充分考虑学生的认识水平和能力,要以学生在认知和学习上的利弊为依据。

五、尽可能减少和杜绝开展已知结果的项目式教学

目前很多打造的用于解决问题的 STEM 课例是从已知到已知：步骤、方法、注意事项是已知的，结果是已知的。只要按照教师确定的步骤、方法和注意事项去做，就能得出已知的结果。如学校批量购买的给出图纸和加工方案的分组教学实践材料。这种课例不利于学生创新能力、探究意识以及分析问题、解决实际问题能力的培养，要尽量避免这种情况的发生。

六、正确处理 STEM 素养与人文社科类素养之间的关系

STEM 素养固然重要，如果一味地强调 STEM 素养的培养，而忽略人文社科类素养的培养，后果也是很严重的。"学好数理化，走遍天下都不怕""全民皆奥数"都是社会发展到某个阶段对某些人才失衡而产生的反应。美国大力提倡 STEM 教育也是在其认识到高科技人才缺乏的背景下提出来的。STEM 教育之所以得到我们的认可，正是因为它契合了我们当下发展学生核心素养、培养创新型人才的时代需要。STEM 教育在实践中同样要做到尊重差异、因材施教，因为并不是每名学生都对 STEM 教育感兴趣，都适合 STEM 教育。"不要忘了，我们需要科技来引领生产力进步的同时，我们还需要文史哲来滋养我们的心灵。人文素养对孩子的成长来说，和 STEM 一样重要。"

第三章
小学 STEM 教育课程建设

再好的教育理念要想落地生根,也得通过适切的课程实施才能实现学生综合素质提升的教育目标。STEM 教育作为一种现代的和面向未来的先进教育理念也不例外。STEM 教育课程是实现 STEM 教育理念和教育目标的主要载体。

STEM 教育引进之初,可以说是零起点:没有课程标准,没有师资,没有教材,没有评价等。近几年,随着 STEM 教育的推动,部分先行先试的地区和学校把 STEM 教育课程建设作为发展 STEM 教育的核心任务,因地制宜、因校制宜地开展了很多实践探索。

在国外,STEM 教育也叫综合教育,STEM 教育课程也叫综合课程,根据 STEM 教育课程的性质和我国以分科教学为主的实际,我们可以将 STEM 教育课程作为学科学习的有益补充和辅助,纳入综合实践活动课程、校本课程、特色课程、选修课程、社团活动等统筹安排开展。随着《义务教育课程方案和课程标准(2022 年版)》的实施,跨学科主题学习作为新课程方案和标准所要求的内容,为我们开展 STEM 教育提供了依据,各学校可把 STEM 教育作为开展跨学科主题学习的重要组成部分开展好 STEM 教育。

五年多来,东营市海河小学、东营市胜利锦华小学等 STEM 教育协作联盟学校,借助"中国 STEM 教育 2029 行动计划"和省市 STEM 教育课题研究,课题组积极组织教师开发设计了一批基于国家课程内容重构、人工智能、3D 打印技术,基于现实生活,基于活动,基于科技创新的和"做中学""创中学"背景下的 STEM 教育典型案例。同时,积极鼓励和支持学科教师参加省市教研部门组织开展的跨学科主题学习案例和 STEM 教育案例评选活动,提高 STEM 教育案例和跨学科主题学习案例设计水平和能力,不断丰富学校 STEM 教育课程资源,为有效开展 STEM 教育提供了载体,服务于区域 STEM 教育发展的需要。通过开展 STEM 教育课程,我们努力让 STEM 教育惠及最广泛的学生群体,让科学思维与创新能力成为每一个学生的成长基因。

本章内容提供了近年来教师开发设计的STEM案例和跨学科主题学习案例，以便为广大小学学科教师提供借鉴和帮助，积极推动STEM教育和跨学科主题学习活动在小学阶段的开展。

第一节　基于小学科学学科的STEM教育案例

在小学阶段，与STEM教育关系最为紧密、最适合开展基于项目的学习的学科当属科学。小学科学是国家课程，是最容易融入STEM教育理念的学科。作为课题研究的重要目标和预设任务就是在弄清STEM教育理念内涵和特征的基础上，打造出适切的融入STEM教育理念的案例，并在小学科学中开展STEM教育实践。

案例一

制作风车
——探索风的秘密

★ 课程背景与目标

风车是孩子们童年喜爱的玩具之一，手举风车迎风奔跑对孩子们来说是一件快乐无比的事情，当色彩纷呈的小风车随风转动时，更引发孩子们的好奇心，让他们想去探究其中的奥秘，本课正是基于儿童的这种生活体验而设计的。STEM教育是指在科学、技术、工程和数学领域融合的教和学，它以学习者的亲身参与、动手操作为基础，以基于项目的学习和基于问题的学习为方法，为学习者提供"做中学""做中知"的体验。本课通过做风车、玩风车，研究风车转动的秘密。

★ 课程领域

工程、科学、数学、技术、艺术。

★ 适用年级

适用于一年级。

★ 时间安排

时间为90分钟。

★ 课程任务

能看懂图，制作风车，让风车转动起来。研究风车转动与风的关系；研究风车转动方向与风车轮的关系;通过设计制作特色风车,培养想象力和创造力。

★ 教学过程

一、导入

出示风车配乐短视频,了解形形色色的风车。学生通过观看视频,充分调动学习的积极性,激发学习热情,集中注意力,对这节课充满好奇心,并主动参与课堂中来。

二、任务执行

(一)出示任务与评价量规

1. 任务

制作风车,研究风车转动与风的关系;制作特色风车。

2. 材料和工具

卡纸、小木棍、剪刀、大头针、彩笔。

3. 评价量规

制作风车评价量规见表3-1。

表3-1 制作风车评价量规

风车制作	风车功能	特色风车	团队合作	展示操作	分数/分
制作工艺差,对于出现的问题不能解决	风车转动不流畅	制作1架特色风车	没有分工合作	操作不熟练,效果不明显,讲解不流利	1
制作工艺一般,对于出现的问题部分能解决	风车转动比较流畅	制作1~3架外观精美的风车	有简单的分工合作	操作较熟练,效果较明显,讲解较流利	2
风车坚固美观,制作时能及时发现问题并解决问题	风车转动流畅	制作3架以上外观精美的风车	分工合理,协作顺畅	操作熟练,效果明显,讲解流利	3

(二)实施任务

1. 设计方案

小组成员进行分工,研究常见风车的制作步骤,设计、制作探究风车秘密的方案。

2. 制作风车

(1)检查制作风车的工具和材料。

(2)按步骤制作风车,注意安全。制作过程中,可丰富完善方案,力求做出外观精美、坚固耐用的风车。小组成员之间需注意互相配合,团结协作,提高效率。

3. 研究风车与风的关系

（1）风车做好后，利用风扇制造风，研究风车转动快慢与风速的关系，记录相关数据并进行对比分析。

（2）对风轮是顺时针方向和逆时针方向的风车进行对比实验，研究风车转动方向与风轮方向的关系，记录现象并进行分析。

4. 制作特色风车

（1）小组成员先进行头脑风暴：从哪个方面（颜色、形状、功能等）进行创新？需要什么材料？怎么分工制作？

（2）学生改进风车，制作特色风车。

5. 展示成果

各小组成员先在内部交流，然后选出代表展示研究成果和特色风车。教师对有创新的研究成果和有创意的特色风车予以鼓励。

三、总结与反思

总结和反思可以与学生的展示共同进行。教师可以要求学生在展示的时候附带回答以下问题中的一个，以完成本环节。

（1）在制作过程中，你做了什么贡献？

（2）你们组有没有向其他组借鉴一些做法？如果借鉴了，借鉴了什么？为什么？

（3）你们组没有完成任务的原因是什么？如果再做一次，你们会有哪些改变？

（4）你们组的作品还有什么地方需要改进？

附1：风车的制作步骤

（1）首先裁好一张正方形的纸，颜色随意。

（2）如图3-1所示，沿虚线对折一下；沿另外一个对角再对折一下。

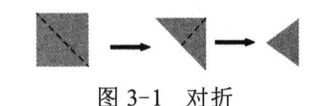

（3）沿折痕，将四个对角剪开2/3左右。

图3-1 对折

（4）交错向中心折，超出中点1 cm，但不要压扁，要留有弧度。

（5）四个角折回来之后（也可用胶水粘好）风车完成。

（6）用钉子穿过去，把风车固定在铅笔带橡皮的一端，风车就完成啦！

附2：记录表

风车转速与风力大小研究记录见表3-2。

表 3-2　风车转速与风力大小研究记录表

风力大小	慢	快	非常快	分析结论
风扇 1 档				
风扇 2 档				
风扇 3 档				

注意：在相应的空格处打"√"。

（本案例由薛永梅设计）

案例二

太阳能热水器
——探索光的秘密

⭐ **课程背景与目标**

本节课依托《太阳的光和热》《太阳与生活》，在学生掌握学科知识的基础上，开展"以问题为导向"的 STEM 教学。本课程是从物体本身的属性来探究怎样才能得到更多的光和热，并且让学生开动脑筋设计心中所想的太阳能热水器。在 STEM 教学过程中，培养学生从科学原理出发动手解决实际问题的能力，让他们体会到科学技术给生活带来的便捷与美好。

⭐ **课程领域**

科学、艺术、数学、技术。

⭐ **适用年级**

适用于二年级。

⭐ **时间安排**

时间为 120 分钟。

⭐ **课程任务**

能够设计探究物体颜色与吸热本领关系的实验，并且在探究实验中能严格按照实验要求进行操作；在实验结论的指导下，制作太阳能热水器。

⭐ **教学过程**

一、导入

听故事思考问题。

在一个阳光特别灿烂的午后，一个盲人上街买一个罐子，他想要白色的罐子，卖罐老板用黑色罐子冒充白色罐子欺骗他。他摸摸手中的罐子再摸摸其他的罐子,识破了老板的诡计。

问题:盲人是根据什么判断出老板欺骗了他?

学生做出各种猜测。最后问题聚焦到:黑色罐子比白色罐子吸热快,摸上去温度会高一些。

问题:物体的颜色与吸热有关吗?通过既有趣又生活化的故事情景,引发学生兴趣,从而引出要探究的问题。

二、任务执行

(一)出示任务与评价量规

1. 任务

实验探究黑色物体和白色物体吸热的快慢,并利用实验结论制作太阳能热水器。展示交流作品,对制作的太阳能热水器模型进行评比。

2. 材料

探究实验材料:不同颜色的沙(黑色、白色、深蓝色、浅蓝色、棕色、浅黄色、红色、淡粉色)、带刻度的试管、橡胶塞、电子温度计、白炽灯(涂有护眼涂层)。

制作太阳能热水器模型材料:盒子(最好是铁盒)、小罐(金属材质的)、泡沫、反光板(可以用烟盒里的锡纸、镜子、废光碟……)、胶布、黑颜料、玻璃纸。

3. 评价量规

太阳能热水器评价量规见表3-3。

表3-3 太阳能热水器评价量规

实验设计	小组合作	设计制作	汇报展示	分数/分
通过教师指导明确实验步骤,正确操作,得出结论	由部分成员完成制作,没有明确的分工	有图画,但缺少文字说明	一人展示,内容不够完整且表述不流畅	1
设计较为合理的实验,实事求是地记录数据,通过分析得出结论	所有成员参与任务,但分工不明确,也不合理	有文字和图画说明,但说明比较乱,颜色选择表述不清	两人展示,对制作过程表述较为清晰流畅	2
自己能够合理设计实验,对操作步骤了然于心,并操作得当。通过正确操作、认真分析,自主得出正确结论	分工清晰明确、科学合理,合作顺畅,高效完成制作任务	设计合理,对涉及的颜色及结构表述清晰,每部分材料的使用都有详细介绍	多人合作展示,思路清晰,语言流畅	3

(二)实施任务

1. 实验探究

探究黑色物体和白色物体吸热的快慢,有的学生猜测白色物体吸热快,有的学生猜测黑色物体吸热快,要通过实验来证明他们的猜测。

（1）学生设计实验,将设计的实验装置图和步骤记录在记录单中。学生相互交流实验设计方案,教师加以点评指导。

（2）学生分小组进行实验,教师巡视。

（3）学生汇报实验结果,得出结论:黑色的沙比白色的沙吸热快。

（4）学生探究其他颜色的物体吸热的快慢。

2. 设计制作

（1）让学生利用提供的材料制作一个太阳能热水器模型。教师要和学生一起探讨以下几个设计的关键点。

① 集热管要涂成什么颜色？为什么？（结合刚才的实验结论）

② 集热管与太阳光线的角度是多少最能吸收热量？

③ 太阳能热水器各部件怎样连接才能紧密、牢固？应注意什么？

（2）学生进行分工合作,注意安全。

（3）初步完成制作并进行调试,对太阳能热水器进行装饰美化。制作完毕,注意整理工具和材料,保持好工作台的清洁和有序。

3. 展示交流

学生以小组为单位进行交流展示,讲解制作的过程和关键点,展示作品。每个小组选一名评委,对所有作品进行打分,选出最科学、最美观、最坚固的太阳能热水器。

三、总结与反思

总结和反思可以与学生的展示共同进行。教师可以要求学生在展示的时候附带回答以下问题中的任何一个,以完成本环节。

（1）在制作过程中,你做了什么贡献？

（2）你们组有没有向其他组借鉴一些做法？如果有,借鉴了什么？为什么？

（3）你们组没有完成任务的原因是什么？如果再做一次,你们会有哪些改变？

（4）你们组的作品还有什么需要改进的吗？

附1:记录表

白色材料和黑色材料的温度变化见表3-4。

表3-4 白色材料和黑色材料的温度变化记录表

白色	黑色	时间/分钟
		2
		4
		6
		8
		10

附2：太阳能热水器制作方法

太阳能热水器制作方法

盒子、小罐都要涂黑（这样能吸收更多的热，因为黑色能吸光），把泡沫（也要涂黑）挖个洞，洞的大小正好能竖塞进小罐的3/5（起保温作用，防止热能散发），2/5露在外面好接收阳光；把泡沫连小罐装入盒子，封上玻璃纸，盒子后面做个支撑架，使盒子能对着太阳斜立起来；盒子后面、上方、左右装上反光板，下方的反光板可以直接平铺在盒子前方的地上（反光板越大越好，这样能吸收更多的光和热），反射的光要能照射在盒子或小罐上，让盒子和小罐能吸收到更多的热。这样，简易太阳能热水器就制作成功了。

（本案例由薛永梅设计）

案例三

空气动力火箭
——探索空气的秘密

★ 课程背景与目标

在科学课上，我们探究过空气的特性：空气没有形状，占据空间，容易被压缩，容易膨胀，会流动，有反冲力。人们开发利用空气的特性发明了许多新器具，满足了大家的生活需要。其中火箭就是利用空气反冲力的特性制作的。本节课的设计目的就是制作空气动力火箭，模拟火箭飞行，空气压缩的反冲力在火箭上的应用，提高学生的动手动脑能力、研究的兴趣以及科学素养。

★ 课程领域

工程、科学、数学、技术。

★ 适用年级

适用于三年级。

⭐ 时间安排

时间为 90 分钟。

⭐ 课程任务

学生完成喷气式火箭的制作,通过动手实践充分享受学习的快乐,激发对空气动力科学探索的兴趣。在动手实践中,认识事物的基础结构;在实验探究过程中,学到丰富的科学知识。

⭐ 教学过程

一、导言、视频引入

(1)播放长征火箭发射的视频,引导学生思考:火箭是怎么飞上太空的?与学生一起讨论火箭升空的原理。

(2)引出本节课运动的原理:空气被压缩后会产生反冲力,故空气能产生动力。

(3)学习有关空气动力的知识,知道空气产生的动力在生活中有哪些应用。

二、任务执行

(一)出示任务与评价量规

1. 任务

各小组根据空气被压缩后会产生反冲力的特性,利用提供的材料制作一个空气动力火箭,并进行飞行比赛。要求设计合理,结实耐用,飞行距离远。

2. 材料和工具

吸管(稍大)、硬吸管(稍小)、A4纸、502胶水、橡皮软管30 cm、针筒、剪刀或手工刀、橡皮泥。

3. 评价量规

空气动力火箭评价量规见表3-5。

表3-5 空气动力火箭评价量规

火箭制作	火箭功能	团队合作	展示讲解	分数/分
制作工艺差,对于出现的问题不能解决	不能飞行	没有分工合作	语言不条理,内容不完整,讲解不流利	1
制作工艺一般,对于出现的问题部分能解决	能够飞行,飞行不稳定,距离较近	有简单的分工合作	对设计和制作过程展示较完整,讲解较清晰	2
火箭外形美观,制作时能及时发现问题并解决问题	能够飞行,飞得稳定,距离较远	分工合理,协作顺畅	对设计和制作过程讲解清晰、思路开阔	3

(二)实施任务

1. 设计

(1)首先让学生想一想:要做这个能升到天空中的空气动力火箭需要什么材料?

(2)小组讨论,完成实验方案:你打算怎么做?设计一下实验方案。

2. 制作

(1)观看一段火箭制作PPT,让学生清楚地知道火箭的制作过程和制作时应注意的事项。

空气动力火箭实际上应该叫气压火箭,它是利用塑料瓶内的压缩空气产生的压力把火箭给推出去的,其制作方法如下:

用一根吸管制作箭体,再用一根长约1厘米的小圆木棒(也可以用其他的材料,甚至可以用纸卷)塞住吸管的一头,然后滴上几滴502胶水,注意要塞紧,不能漏气。

找一张纸,先剪成扇形,然后卷成锥体套在木棒的这一头,滴上几滴502胶水,把它粘在吸管上做成火箭头;或者直接粘上橡皮泥制成火箭头。

制作十字型尾翼,用502胶水粘在吸管的另一头,火箭就做好了。

做好火箭后,开始制作发射台,先找一条直径稍小于火箭箭体吸管直径的硬质吸管,剪下约8厘米,把箭体套上,以刚好能套上为宜,如果太松,可用透明胶带缠裹以增大直径。

用一个空矿泉水瓶做发射支架,先在瓶盖上钻一个小洞,把发射管穿过去,露出约6厘米左右,用502胶水固定,再把盖子拧在空矿泉水瓶上,发射台就做好了。空气动力火箭如图3-2所示。

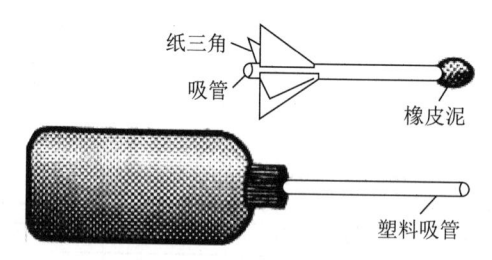

图3-2 空气动力火箭

把火箭套在发射器上,用力捏矿泉水瓶,在空气压力的作用下,火箭就会发射出去。

(2)开始制作。教师巡视指导,与各小组进行深入探讨交流。

3. 测试完善

各小组对制作完成的火箭进行测试,检验能不能飞,能飞多远,结构坚固不坚固。对出现的问题找出原因，及时解决修正。反复测试，反复修改，逐步完善。

4.展示和比赛

（1）各小组展示作品，根据评价量规进行评价。

（2）进行"空气动力火箭"飞行比赛，记录比赛成绩，选出优秀作品，评出优秀小组。

三、总结与反思

总结和反思可以与学生的展示共同进行。教师可以要求学生在展示的同时附带回答以下问题中的一个，以完成本环节。

（1）你们组是如何分工的？每人负责什么任务？

（2）你们组制作的空气动力火箭，你预测一下能飞几米？

（3）你们组有没有向其他组借鉴一些做法？如果借鉴了，借鉴了什么？为什么？

（4）你们组没有完成任务的原因是什么？如果再做一次，你们会有哪些改变？

（5）你们组的作品还有什么需要改进的吗？

附：记录表

飞行记录见表3-6。

表3-6　飞行记录表

单位：米

小组	第一次	第二次	第三次	最高成绩
一组				
二组				
三组				
四组				

（本案例由孟庆福设计）

案例四

变色陀螺

——探索光的秘密

★ 课程背景与目标

本节课依托科学课《飞旋的陀螺》，在学生掌握光可以分解和合成的学科知识基础上，开展"以问题为导向"的STEM教学。陀螺是我国民间最早的娱乐工具之一，它的转动涉及结构的稳定性等科学问题。本节课利用陀螺的转动，结合光可合成的特性，制作变色陀螺，直观感受这一神奇的科学现象。同时，通过本项目活动，学生体验项目实施过程中填写任务单、画三视图、进行头脑风暴、设计制作、检测调试、优化迭代、评价反思等STEM学习过程，逐步形成工程思维的思维模式。

★ 课程领域

科学、技术、工程、艺术、数学。

★ 适用年级

适用于四年级。

★ 时间安排

时间为90分钟。

★ 课程任务

探索光的秘密，设计陀螺，验证光可以合成这一特性；制作旋转稳定、变色的陀螺。

★ 教学过程

一、导入

（1）看图片说现象。教师展示雨后彩虹的图片，请学生解释这是什么科学原理。展示三棱镜分散光的图片，复习科学知识：光的色散。

（2）学生看视频，用画笔调色，发现不同的颜料混在一起会得到一种新的颜色，颜料的颜色可以合成。那么光的颜色可以合成吗？怎么合成？学生带着问题开启今天的任务之旅。

二、任务执行

（一）出示任务与评价量规

1. 任务

学生分小组制作不同色光的稳定性强的变色陀螺，验证光是可以合成的，并交流展示变色陀螺的制作过程和功能。

2. 材料和工具

木棒、瓶盖、硬纸片、双面胶、胶棒、剪刀、小刀、棉线、太空泥、光盘、彩纸、铅笔头等。

3. 评价量规

变色陀螺的评价量规见表3-7。

表 3-7 变色陀螺的评价量规

陀螺制作	陀螺稳定性	变色陀螺数量	团队合作	展示操作	分数/分
制作工艺差,对于出现的问题不能解决	陀螺旋转30秒内	制作 1 个变色陀螺	没有分工合作	操作不熟练,效果不明显,讲解不流利	1
制作工艺一般,对于出现的问题部分能解决	陀螺旋转30~60秒	制作两三个变色陀螺	有简单的分工合作	操作较熟练,效果较明显,讲解较流利	2
陀螺坚固美观,制作时能及时发现问题并解决问题	陀螺旋转60秒以上	制作 3 个以上变色陀螺	分工合理,协作顺畅	操作熟练,效果明显,讲解流利	3

(二)实施任务

1. 设计

各小组分工设计陀螺的制作方案,并画出简图。教师引导学生注意几个关键环节:

- 怎么增强陀螺的稳定性?陀螺盘的大小、高度是多少为最优?
- 陀螺的盘面为什么以轴心为中心进行扇面分割?有没有其他分割方法?
- 陀螺的盘面必须是圆形的吗?可以是其他形状吗?为了旋转得稳定,这些形状有什么特点?(对称)
- 盘面可不可以是立体的?
- 同样几种颜色,涂的色块大小不同合成的颜色一样吗?
- 制作的程序是怎样的?先涂色还是先组装?

(1)首先进行头脑风暴,针对以上问题进行深入分析讨论,制定多种解决问题的方法,从而优化组合,形成最佳方案。

(2)根据设计的方案,画出陀螺草图。

变色陀螺设计图画于表 3-8 中。

表 3-8 变色陀螺设计图

产品名称	变色陀螺
设计图	
材料和工具	

2. 制作

（1）各小组根据设计方案开始制作，注意安全，注意保持工作台面的整洁。教师深入小组巡视，进行探讨式指导。

（2）制作出初级产品，在组内进行调试和完善。小组内注意科学合理分工，提高工作效率。

3. 展示交流

学生以小组为单位进行交流展示，小组代表讲解制作陀螺的过程和关键技术节点处理，操作和演示小组制作的变色陀螺。先比品质：陀螺旋转时间长，外观精致，变色明显为优秀。再比数量：根据评价量规内容，数量多的小组为胜出。比创新：评出最具创意陀螺。最后综合评定。每个小组选一名评委，对所有作品进行打分，选出优胜小组并颁发奖杯。

三、总结与反思

总结和反思可以与学生的展示共同进行。教师可以要求学生在展示的同时附带回答以下问题中的任何一个，以完成本环节。

（1）在制作的过程中，你做了什么贡献？

（2）你们组有没有向其他组借鉴一些做法？如果有，借鉴了什么？为什么？

（3）你们组没有完成任务的原因是什么？如果再做一次，你们会有哪些改变？

（4）你们组的作品还有什么需要改进的吗？

（本案例由王舒慧设计）

》》案例五

让胡萝卜浮起来
——探索浮力的秘密

★ 课程背景与目标

浮力原理在生活中用途广泛，如钓鱼用的浮标、气球在空中飘动、救生衣、舰船、阀等都借助了浮力的原理。浮力也是学生将来要学习的力学的重点内容。为了能让学生更好地理解浮力，对学习浮力产生兴趣，我们需要用一些有趣的方式研究浮力，鼓励学生通过实验研究浮力，观察浮力现象，记录实验数据，在此基础上，掌握相关规律。

本课的具体目标：了解浮力的相关知识，并利用这些知识和能力，通过设计制作使原本在水中下沉的胡萝卜漂浮起来，培养解决实际问题的能力。

⭐ 课程领域

科学、数学、生物、工程、技术。

⭐ 适用年级

适用于五年级。

⭐ 时间安排

时间为90分钟。

⭐ 课程任务

学生首先了解浮力在生活中的应用和潜水艇的工作原理，尝试使用给定的材料改变胡萝卜的沉浮状态；对沉浮状态进行逐渐深入的了解和研究，掌握保持平衡状态的规律；尝试利用规律创设更加复杂的悬浮状态并展示说明。

⭐ 教学过程

一、导入

生活中的浮力现象很多，请大家看屏幕（出示PPT1）。今天，我们的任务就和浮力有关，任务是：让胡萝卜浮起来。

二、研究物体的沉浮条件

1. 回顾一下物体的沉浮与重力和浮力有什么关系

左边：物体下沉，它受到的浮力和重力对比有什么特点？右边：物体漂浮，它受到的浮力和重力对比有什么特点？想要下沉的物体上浮，应该怎么做？

2. 研究一下潜水艇沉浮的秘密

潜水艇是怎样实现下沉和上浮的？请同学们看示意图并讨论得出潜水艇是靠改变自身重力来下沉和上浮的。

3. 研究"漳河淹巫婆"和"死海不死"的秘密

（1）巫婆在漳河的水里下沉了。如果把巫婆扔进死海，她还会下沉吗？为什么？这是因为浮力增加了。

（2）如果给巫婆穿上救生衣，她还会不会下沉？穿上救生衣就不下沉，就可以漂浮了，为什么？这也是因为浮力增加了。

4. 小结

如果想要下沉的物体上浮，我们可以增加物体的浮力。

三、任务执行

（一）出示任务和评价量规

1. 任务

学生分小组合作，利用提供的材料和工具，通过设计改造，让胡萝卜漂浮起来；展示成果，并把设计思路和改造的过程向大家详细汇报。

2. 材料和工具

胡萝卜、盐、淀粉、水、太空泥、牙签、小勺、塑料杯、水果刀、垫板、水槽、小棒、亚克力板、圆管、方管、抹布、废料盒。

3. 评价量规

让胡萝卜浮起来评价量规见表3-9。

表3-9 让胡萝卜浮起来评价量规

填任务单	设计思路	完成任务	外观	展示	分数/分
任务单填写简略，有遗漏	原理表述不清晰	仅能用一种方法完成任务	外观粗糙，造型不明显	在展示中，小组对设计过程的描述缺乏逻辑，不能说明设计的特点和优势	1
基本填写完成了任务单	能大概说清楚原理	能够使用两种方法，但只有一种成功了	有一定的造型，做得比较精细	小组对设计过程进行了部分展示，展示较具体，但是部分显得混乱和无意义	2
任务单填写详细，内容充实，有充分的思考	能够清晰地表述原理，并让其他同学听懂	能够使用两种方法，均成功完成任务	造型美观，有创新，做工细致	展示清晰明确，有效地体现了设计的意图和特点	3

（二）实施任务

1. 设计

（1）利用物体沉浮的原理让胡萝卜浮起来，并设计方案。首先进行头脑风暴：

• 你们的设计思路是什么？

• 如何增加水的浮力？

• 如何增加胡萝卜受到的浮力？

（2）各小组根据现有的材料和任务单提示，设计具体的方案并进行修改和完善。

2. 制作

（1）在开始制作前进行安全提示。

• 注意安全使用水果刀。切东西时，一定要在垫板上切，刀刃向下；切时可以前后推拉，均匀用力。

• 接水时，轻开水龙头，防溅出；桌面有水时，及时用抹布清理干净。

• 器材较多，摆放要有序，用完及时放回原处并摆放好。

（2）制作。

学生分小组根据设计的方案开始制作，教师深入小组进行探讨式指导。

3. 展示交流

学生以小组为单位进行交流展示,小组代表讲解制作的过程和关键技术节点处理,操作演示让胡萝卜浮起来,并讲解原理。对创新做法,教师要及时地进行表扬和鼓励。每个小组选一名评委,依据评价量规对所有作品进行打分,评选出优胜小组。

四、总结与反思

总结和反思可以与学生的展示同时进行。教师可以要求学生在展示的同时附带回答以下问题中的任何一个,以完成本环节。

(1) 所有的可溶物都测试过了吗?它们的高浓度溶液能否使胡萝卜漂浮起来?

(2) 为什么有的可溶物溶液无法使胡萝卜漂浮起来?

(3) 在这个任务中,怎样控制各种变量?

(4) 你们发现了什么规律?试着用自己的话说出来。

(5) 有没有考虑用某种组合方式来完成任务?如既增加水的浓度又提高物体的浮力。

(6) 你们组在解决问题的过程中谁的贡献最大?为什么?

(7) 你们组有没有向其他组借鉴一些做法?如果借鉴了,借鉴了什么?为什么?

(8) 你们组没有完成任务的原因是什么?如果让你们再做一次,会有哪些改变?

(9) 你们组成功地完成了任务,能详细介绍一下你们的设计原理吗?

附 1:任务单

让胡萝卜浮起来任务单见表 3-10、3-11。

表 3-10 让胡萝卜浮起来任务单(一)

小组名:_____　　　　组长:_____

方案 1:

我们组经过商议,计划采用_____的方式,让原本下沉的胡萝卜漂浮起来,具体操作如下:

序号	步骤
1	
2	
3	
4	
5	
……	

表3-11 让胡萝卜浮起来任务单(二)

小组名：_____　　　　　　组长：_____

方案2：

我们组经过商议，计划采用_____的方式，让原本下沉的胡萝卜漂浮起来，具体操作如下：

序号	步骤
1	
2	
3	
4	
5	
……	

附2：打分表

打分情况见表3-12。

表3-12 打分表

项目	一组	二组	三组	四组	五组	六组	七组	八组
填任务单								
设计思路								
完成任务								
外观								
展示								
总分								

（本案例由孟庆福设计）

案例六

制作简易照相机

—— 凸透镜成像的应用

★ 课程目标

知道照相机是利用凸透镜成像原理制成的，尝试设计简易的照相机，经历制作过程；通过动手操作、分析、推理等方法了解照相机的结构；初步形成根据设计意图选择相关材料的能力；学会为自己的见解寻找科学依据；通过设计、制作产品，体验成功的喜悦，享受创造的快乐。乐于合作与交流，愿意将所学到的知识应用到生活中去。

★ 课程领域

科学、技术、数学、艺术。

★ 适用年级

适用于五年级。

★ 时间安排

时间为60分钟。

★ 课程任务

完成简易照相机的制作；通过动手实践，充分享受学习的快乐，激发学生探索凸透镜成像原理的兴趣；在动手实践中，认识照相机的基本结构；在实践探究过程中，学到丰富的科学知识。

★ 教学过程

一、课前准备

（1）教师准备：照相机、简易照相机模型、多媒体课件。

（2）学生准备：凸透镜、纸盒、纸筒、硬卡纸、包装纸、剪刀、刻刀、直尺、双面胶、透明胶带、胶水、半透明纸等。

（3）环境布置：多媒体教室。

二、具体实施

（一）导入

假期出去旅游的时候，大家都喜欢拍照，你们习惯用什么拍照？（学生：照相机）你们知道它的结构和成像原理吗？你们想亲手制作一个照相机吗？今天，我们就来制作一个简易照相机，看看它的拍照效果如何。

（二）了解照相机的构造和原理

教师组织学生分组观察照相机，让他们了解其构造。在此基础上，教师用课件展示并讲解照相机的结构和成像原理。

师：今天，老师将自己制作的简易照相机带来了（从讲台下拿出准备好的简易照相机向学生展示），让我们先一起试试照相机的效果吧！（请两名学生到聚光灯下，教师将镜头对着他们，屏幕对着大家，调整好距离，屏幕上会出现两名学生倒立的彩色图像）

（三）设计制作

1. 固定镜头

（1）准备一个凸度合适的放大镜，取出上面的凸透镜。

（2）用卡纸卷出两个可以正好套在一起的纸筒，纸筒的直径要和凸透镜相配，中间不能留有缝隙，否则会漏光，影响成像效果。（也可以找两个现成的符合条件的圆筒）

（3）将凸透镜用透明胶带固定在稍大纸筒的顶端。

2. 制作机身

（1）用卡纸制作一个长方体纸盒（也可以找一个现成的纸盒代替）。

（2）在最大的侧面上，开一个长方形窗口，并将一张半透明的纸贴在上面，作为照相机的屏幕。

（3）在屏幕对面的正中央挖一个圆孔，圆孔的大小要正好可以插入较小的那个纸筒，并将此纸筒固定在纸盒上。

3. 装饰

除去凸透镜和半透明纸屏，其他部位可以按照自己的喜好用即时贴或其他彩纸进行装饰，将照相机打造成自己喜欢的样子。

4. 拍照练习

可以用聚光灯营造强光的环境，天气晴朗的日子也可以到室外阳光下或其他明亮的地方，用自己制作的照相机给身边的物体或同学进行拍照。边实践，边观察，边思考，看看怎样调节才能拍出更清晰的图像。积极寻找规律，并根据自己的观察和实践，对不理想的照相机进行改进。

附：照相机作品参考图片

照相机作品参考图片如图 3-3 所示。

图 3-3　照相机作品参考图片

三、总结与反思

教师让学生分小组介绍用简易照相机拍照时看到的现象、内心的感受和思考，结合"简易照相机制作"评价量规对学生的制作活动进行总结和反思。可以与学生的展示同时进行，也可以在各小组展示完成时集中进行评价。

"简易照相机制作"评价量规如表3-13。

表3-13 "简易照相机制作"评价量规

设计方案	制作工艺	制作速度	小组协作	总结展示	等级
设计方案较完整，材料选择合理	结构稳固，外观较精美；照相机的内、外套筒间隙合理，可以调整焦距，成像清晰	速度较快	分工明确，小组协作较顺畅	小组成员共同汇报，能详细说明制作过程及成像原理，表达能力强	A
有简单的设计方案	制作基本能满足功能需求，工艺一般	速度一般	有基本的分工，协作有时不顺畅	一人或两人上台汇报，表述较完整，表达能力较强	B
无设计方案	制作工艺差	速度较慢	无分工协作，由少数组员完成任务	一人上台汇报，表述不完整	C

注意：A代表"优秀"，B代表"良好"，C代表"一般"。

（本案例由郭玲、王喜莲设计）

案例七

制作土电话
——探索固体传播声音的能力

⭐ **课程背景与目标**

声音是由物体的振动而产生的，通过一定的传播介质，如空气、水、木头等传到我们的耳朵，并且在固体中传播速度最快，在气体中传播速度最慢。在小学五年级，并不要求学生掌握声音的具体物理性质和参数，但可以借助实验对声音的基本性质有一个直观的认识。本节课学生将会从实验"土电话"中了解到，声音在不同固体中传播的速度和效果是不一样的。土电话的连接线中间不能有任何阻挡和弯曲，但是通过制作电话线可以使土电话更实用。课程中学生通过小组团结协作，发现不同材质的电话线传播声音的能力不同，然后设计方案并动手制作。此过程可以锻炼学生团结协作、解决实际问题的能力。

⭐ **课程领域**

科学、工程、技术、数学。

⭐ **适用年级**

适用于五年级。

★ 时间安排

时间为 90 分钟。

★ 课程任务

教师通过声音能在固体中传播的特点,让学生以小组为单位制作土电话。最后,请小组演示自己的作品,并要求学生通过比较了解不同材质的固体传播声音的能力不同。

★ 教学过程

一、导入

师:我们已经知道了声音能在固体中传播,大家原来也做过土电话并进行通话,哪位同学来说一说是怎么制作土电话的?

教师通过向学生展示图片和视频,让学生了解在电话没有发明之前古人是如何传播声音信息的。教师还可以向学生展示图片,例如,趴在铁轨上可以听到远处火车的声音,医生借助听诊器可以听到患者胸腔内细小的声音,在一些没有电子设备的船内,传递命令是通过一套管道系统。

教师请学生讨论:这些设备是怎样帮助声音传播的?总结每个图片反映了声音的哪些性质。

二、执行任务

(一)出示任务与评价量规

1. 任务

制作土电话,研究土电话的电话线长度。

2. 材料和工具

棉线、纸杯、剪刀、硬纸、胶带等。

3. 评价量规

土电话制作评价量规见表 3-14。

表 3-14 土电话制作评价量规

土电话的制作与改进	团队分工和协作	智慧金点子	分数/分
相同的距离,用土电话通话和不用土电话效果一样,不能显示出土电话的优势	无分工协作,由个别组员完成任务	1个点子	1
相同距离,用土电话通话比不用土电话效果稍微好一些,稍微显示出土电话的优势,但不是很明显	有一定的分工协作,组员配合较有序	2个点子	2
可以清晰地听到土电话传达的内容,不用土电话时基本听不到传达的内容,显示出土电话的优势	分工合理,协作有序	3个点子	3

智慧金点子积分：在你们研制土电话的过程中，一定会积累很多好的经验，当然如果失败了，你们一定能从中得到很多教训，希望你们能把这些经验和教训写下来。可以用简单的几个字、词或画图，只要你们能理解就可以。一个金点子积1分，两个金点子积2分，三个呢？

安全：每组的组长就是安全员，请你们务必在研究过程中提醒成员注意安全。

（二）实施任务一

1. 设计方案

学生分小组进行分工，研究常见土电话的制作步骤，探究和设计制作土电话的方案。

2. 制作土电话

制作土电话过程中，注意安全。可丰富和完善方案，力求做出只通过电话线传播声音的土电话。注意小组成员之间互相合作，提高制作土电话的效率。

3. 研究合适的电话线长度

相同的音量通过空气听不到传达的内容，通过土电话能够清晰地听到传达的内容。记录清晰地听到土电话传达的内容时电话线的长度是多少。

（三）实施任务二

（1）学生分小组先进行头脑风暴：从哪些方面进行改进可以使土电话通话效果更好？（听筒、电话线材质等）由于时间的限制，先从电话线的材质（铜丝、铁丝、棉线、尼龙线等）进行改进，需要什么材料？怎样分工制作？

（2）用不同的电话线传播时需要注意什么？传达声音音量一样吗？用分贝仪接听并测量数据。

（3）学生利用不同的电话线制作土电话，并填写表3-15。

表3-15　不同电话线用分贝仪接收的数据

电话线	分贝
铜丝	
铁丝	
尼龙线	
棉线	

（四）展示成果

请改进成功的前三个小组上台展示，要求说明小组分工协作的情况、提出创意到选择设计方案的过程、试制品的不足和设计方案的调整过程、成品的表现,并对成品的效果和应用进行适当的阐述。

三、总结与反思

如果你们小组成功了,请写下你们成功的秘诀是什么;如果没有成功,请思考并记录导致失败的因素。如果再做一次,你们会有哪些改变?

（本案例由王娜娜设计）

案例八

谁跑得远
——探索摩擦力的秘密

★ 课程背景与目标

摩擦力是生活中最常见的一种力。不同材料的表面性质不同,所产生的摩擦力大小也不同。在现实生活中,人们经常会遇到如何选择材料的问题。学生对各种材料的不同性质已经形成了一些感性认识,但并不是每名学生都会仔细观察各种材料,辨析材料间的异同。因此,通过观察和测定不同材料的摩擦现象,学生可以形成正确解决问题的思路,进一步认识世界。

本节课通过让学生观察"玻璃球滚下坡"这一简单的物理现象和测定不同材料对小球滚动距离的影响,培养学生的观察、类比、归纳总结、科学思维和设计科学实验的能力。

★ 课程领域

科学、数学、工程、技术。

★ 适用年级

适用于五、六年级。

★ 时间安排

时间为90分钟。

★ 课程任务

首先,教师引导学生对生活中的摩擦力进行辨认和解释,对摩擦力产生直观认识。然后,将学生分组,让各组对所提供的材料进行感知,并判断哪一种材料能够让玻璃球在最短的距离停下来,或对各种材料的摩擦力进行排序。接着,要求各组设计实验方案和记录表格,并进行实验。最后,引导学生对摩擦力进行更进一步的探讨和思考,加深认识。

🟊 教学过程

一、导入

教师播放一段视频（玩滑板的人在U型道上的表演），并让学生思考以下问题：

（1）为什么滑板的速度逐渐减慢？

（2）滑板从U型道的一头滑下去，在没有其他外力的情况下，能否滑到对面同样高的地方？

（3）从斜坡上下来的汽车能在平地上滑行多远？

（4）其他条件不变的情况下，较重和较轻的车，哪个滑行得更远？

教师可以借助一些教具，如单摆、有轨道的小球等，向学生展示这一现象。部分学生可能会提出观点：因为摩擦力的存在，物体的运动会逐渐慢下来。

二、任务执行

（一）出示任务与评价量规

1. 任务

在玻璃球行进的轨道上安装一段减速装置，使小球在滚动一段距离后停下来。实验前，各小组要考察各种材料的性质，对小球滚动距离的远近做出预测并给出理由，然后通过实验验证预测的准确性。在最后的总结报告中应该对"预测准确的原因"或"没有预测准确的因素"做出详细分析。

2. 材料和工具

卷尺、木板、玻璃球、双面胶或胶带、图钉或曲别针、泡泡纸、砂纸、毛巾、铝箔纸、蜡纸、瓦楞纸等。

3. 评价量规

实验任务评价量规见表3-16。

表3-16　实验任务评价量规

预测准确性	材料使用情况	材料测试方案设计	总结展示	分数/分
没有做出预测	材料使用不合理，把小车挡住了	没有测试方案	实验过程和结果表达不完整，没有分析预测和实验结果	1
预测不太准确	坡道上材料安装不平整	测试方案不够合理	基本清楚描述了实验过程，对一些假设和实验差异进行了分析	2
预测最准确	坡道上材料安装平整	测试方案合理，记录完整准确	准确描述测试方案设计、实验过程、最后的安装方案和分工协作情况，详尽分析了预测和实验结果	3

（二）实施任务

1.观察记录

教师将各种材料发给各小组，让学生逐一进行观察，并把特征记录下来（见表3-17）。

表3-17　材料观察记录表

材料	触感	其他多种测试手段	摩擦力排名预测
泡泡纸	有小气泡		1
……			

各小组可以讨论，对不同材料的摩擦力进行预测。在每小组都完成后，邀请一两个小组进行分享，并给出排序的理由。预测不要求精确，但要有足够的依据。其他组可以提出不同意见。教师可以用以下问题对学生进行引导：

（1）你是否触摸过材料？

（2）材料的重量如何？重量对摩擦力有无影响？

（3）材料表面有什么特点？该特点对摩擦力有无影响？

（4）用不同方式感受材料，如用手、笔在材料上推动，能感觉到什么？

2.设计方案

教师出示没有放置表面材料的坡道和玻璃球，将玻璃球放在坡道上，向学生演示玻璃球的滑行。演示三次，记录滑行的距离，取平均值作为最后的结果。

让各小组设计一个实验方案，测试并记录不同材料表面情况下玻璃球的滑行距离。各种表面材料应该平整地安装在坡道水平滚动开始的位置，这样可以保证玻璃球的初始速度大致相同。每种材料的测试都应该重复进行三次，记录数据见表3-18，取平均值。

表3-18　材料测试结果记录表

材料	第一次试验距离	第二次试验距离	第三次试验距离
材料A			
材料B			
……			

记录完成后，各小组接受教师的检查并领取坡道材料和玻璃球。可以选择图钉、胶带、双面胶等，将材料安装在小球滑行轨道上。

3.开始测试

在教室中心分配各小组的实验地点。注意提醒学生不要踩到玻璃球上而滑倒。

4.展示交流

在实验完成后,给每小组至少5分钟的时间,到讲台上分享实验结果。小组分享完毕,接受其他小组的提问并回答。

三、总结与反思

在我们的生活中,只要物体相互接触,都会产生摩擦力。玻璃球停下来,是因为摩擦力;我们能够向前走路,也是因为摩擦力。摩擦力和"阻止物体前进的力"是两个不同的概念。

总结和反思可以与学生的展示共同进行。教师可以要求学生在展示的时候附带回答以下问题中的任何一个,以完成本环节。

(1)在哪种材料上滑行距离最远?在哪种材料上滑行距离最近?

(2)和预测一致吗?如果不一致,哪些地方是没有预想到的?

(3)是什么因素导致不同材料产生大小不同的摩擦力?

(4)仔细观察每一种材料的表面,尝试总结影响摩擦力大小的因素。

(本案例由孟庆福设计)

第二节　基于小学信息科技学科的STEM教育案例

2015年,美国国家科学基金会将计算机科学纳入STEM教育的范围,说明计算机科学作为现代化社会的重要内容凸显了其重要性。随着信息技术的飞速发展,3D打印技术、人工智能技术、无人机航模、VR/AR技术、开源硬件编程开始在小学逐步普及开来,培养计算思维、编程思维和逻辑思维能力成为信息科技学科的目标。STEM教育理念也是在小学阶段最容易融入小学信息科技学科。

我们正处在信息时代和人工智能时代,计算思维、编程思维、创新思维、逻辑思维都是信息素养的重要内容,都是下一代学生适应社会和科技发展所需要的基本素养,也都是需要STEM教育培养的学生素养。我们结合目前小学信息科技学科教材内容,以信息技术为主,围绕开源硬件、人工智能、3D打印、Scratch编程等开发设计出培养学生编程思维、计算思维和创新思维的STEM案例。

▶▶▶ 案例一

安全停车有感知

★ 项目解析

编程教育作为培养信息时代社会个体基本素养的重要途径,在全球范围内得到了高度重视与广泛普及。Scratch 作为一款面向青少年的图形化编程工具,简单易学,能够很好地综合应用各学科知识进行项目教学。因此,基于泰山版《小学信息技术》第三册教材内容,以 STEM 教育理念为指导,设计了一节实现汽车安全倒车的课例。

★ 课程领域

工程、数学、技术、美术。

★ 适用年级

适用于四年级。

★ 时间安排

时间为 90 分钟。

★ 教学目标

(1) 在丰富有趣的搭建活动中掌握并运用数学,培养对数学的兴趣,了解数学与现实生活的联系,提升应用数学的逻辑思维能力。

(2) 通过搭建、编程、修改项目及作品的展示与阐述,合理安排流程,在尝试与应用过程中提高学生解决问题的能力。

(3) 引导学生在讨论和操作过程中加强对安全知识的理解,并培养学生安全文明驾驶的意识。

(4) 学会跨学科综合利用知识解决实际问题;熟练应用 Scratch 中的 "遇到……" 命令制作 Scratch 动画,提高用 Scratch 作品表达想法的能力。通过个性化编程表达想法,丰富编程体验,培养程序思想。

(5) 通过引入实际问题,学生按需修改背景及搭配角色,调整角色比例,提高学生审美能力和艺术思维能力。

★ 教学重点

能运用碰到角色和碰到颜色两个积木编写简单的程序。

★ 教学难点

通过编写倒车程序,体验人工智能技术的实现方法。

★ 课程任务

让学生了解和学习人工智能有关知识;利用 Scratch 提供的侦测功能,运用碰到角色和碰到颜色两个积木尝试设计一个自动停车系统。在研究过程中,学生要使用技术搜集、分析数据,并设计、测试和改进一个解决方案,然后与其同伴交流研究成果。在锻炼学生小组合作能力、问题解决能力和程序思想的同时,也培养学生安全行驶、文明驾车的意识。

⭐ 教学环境及资源

教师用资源：PPT 课件、装有 Scratch3.0 软件的电脑、多媒体环境、机房授课、评价表。

学生用资源：计算机、评价表。

⭐ 教学过程

一、导入（8分钟）

（一）介绍自动泊车系统

（1）播放"自动泊车"视频，通过一个短片认识无人驾驶汽车。

（2）请学生谈一谈对自动泊车技术的认识。

（二）设计一个安全倒车系统

学生分小组讨论后，结合 Scratch 编程功能，提出不同的设计方案及可能用到的积木。

二、设计与实践

（一）第一个任务执行与反思

1. 出示任务和任务单、评价量规（3分钟）

（1）任务。

学生以小组为单位实现汽车倒入停车位，并做简单说明。

（2）任务单。

小组任务单见表 3-19。

表 3-19 小组任务单

任务一：汽车倒入停车位
(1) 我们需要选择什么样的角色和舞台？
(2) 汽车的运动轨迹是什么？
(3) 结合实际生活想一想：倒车时，要注意什么问题？
(4) 需要用到哪些积木完成相应的命令？

（3）评价量规。

小组合作评价量规见表 3-20、表 3-21。

表 3-20　小组合作评价量规（任务一）（学生自评）

姓名：

合作分享	学会倾听	关爱他人	我的贡献	内省反思	答惑解疑	分数	总结表现
我分享很多想法，贡献很多合适的信息，鼓励其他成员共享思想观点	尊重对方，理解对方，善于倾听对方的意见；有不同意见，也会等对方说完，自己再补充或提出反对意见；遇到分歧或困难，能心平气和地进行处理	顾及小组其他成员的感受，主动了解其他小组成员的需求并关爱其他小组成员	积极参与讨论并贡献出自己的知识、观点和技能；帮助本小组确定任务，带领小组实现预期目标；接受并完成所有要求的任务	我会经常反思，思考我从中学到了什么，怎样才能做得更好，建设性地解决问题，并完成小组的分工任务	我积极地和小组成员一起解决问题，并帮助小组做出公平的决定	优 8—10分	自评：
得到鼓励时我会分享我的想法，我愿意所有的成员都共享思想观点	比较善于倾听对方意见；有不同意见，会等对方说完再进行补充；遇到分歧或困难，能比较心平气和地进行处理	能顾及小组其他成员的感受，比较关爱其他小组成员	参与小组讨论，仅向部分同学贡献自己的知识、观点、技能；完成分配给我的任务，帮助小组确立和实现目标	我会反思，建设性地解决问题；在小组成员的帮助下能完成小组的分工任务	我提供解决问题的建议，帮助小组做出决定	良 5—7分	组评：
受到鼓励时我会时不时地分享想法，愿意与大多数的小组成员一起分享想法	不善于听取别人的意见；有不同意见，不会等对方说完就提出反对意见；不能很好地处理小组成员之间的矛盾	在追求个人需求的同时，需要提醒才能顾及小组其他成员的感受	很少或几乎不贡献自己的知识、观点、技能；需要鼓励才能完成分配的任务；在确立目标和实现目标的过程中，需要得到帮助	被要求后才会反思，不太能完成小组的分工任务	有时我会提供解决问题的建议，偶尔会帮助小组做出决定	一般 0—4分	

表 3-21　小组合作评价量规（任务一）（组长评）

小组：

项目	优 8—10分	良 5—7分	一般 0—4分
每个成员都能积极参与小组活动，负责地完成自己的分工			
每个成员都能将自己收集的资料献给小组共享			
小组活动有实质性的进展，或有有价值的成果出现			
小组成员关系融洽，团结协作，并有竞争意识			
与其他小组关系融洽，积极参与组间合作，并总是按时完成任务			
综合表现			

2. 执行任务（20分钟）

教师引导学生思考，并完成任务：

（1）我们需要选择什么样的角色和舞台？

（2）汽车的运动轨迹是什么？

（3）结合实际生活想一想：倒车时，要注意什么问题？

（4）需要用到哪些积木完成相应的命令？

3. 总结与反思（10分钟）

全部小组完成任务后，教师展示学生作品并组织学生讨论：

（1）小组在讨论时遇到了哪些困难？出现了几种不同的意见？又是如何解决的？

（2）小组任务完成后思考出了多少问题？是什么问题？

（3）在观看别人的作品时，你有什么想法吗？

（二）第二个任务执行与反思

1. 出示任务和任务单、评价量规（3分钟）

（1）任务。

学生以小组为单位实现多方侦测更安全，并做简单说明。

（2）任务单。

小组任务单见表3-22。

表3-22 小组任务单

任务二：多方侦测更安全
（1）在生活中，我们经常会遇到在倒车过程中后方出现行人或者障碍物的情况，这时如何做到安全倒车呢？
（2）怎样设计行人的程序？需要用到哪些积木？
（3）怎样设计汽车的程序？需要用到哪些积木？

（3）评价量规。

小组合作评价量规见表3-23、表3-24。

表 3-23　小组合作评价量规（任务二）（学生自评）

姓名：

合作分享	学会倾听	关爱他人	我的贡献	内省反思	答惑解疑	分数	总结表现
我分享很多想法，贡献很多合适的信息，鼓励其他成员共享思想观点	尊重对方，理解对方，善于倾听对方的意见；有不同意见，也会等对方说完，自己再补充或提出反对意见；遇到分歧或困难，能心平气和地进行处理	顾及小组其他成员的感受，主动了解其他小组成员的需求并关爱其他小组成员	积极参与讨论，并贡献出自己的知识、观点和技能；接受并完成所有要求的任务；帮助本小组确定任务，带领小组实现预期目标	我会经常反思，思考我从中学到了什么，怎样才能做得更好，建设性地解决问题，并完成小组的分工任务	我积极地和小组成员一起解决问题，并帮助小组做出公平的决定	优 8—10分	自评：
得到鼓励时我会分享我的想法，愿意所有的成员都共享思想观点	比较善于倾听对方意见；有不同意见，会等对方说完再补充；遇到分歧或困难，能比较心平气和地进行处理	能顾及小组其他成员的感受，比较关爱其他小组成员	参与小组讨论，仅向部分同学贡献自己的知识、观点、技能；完成分配给我的任务，帮助小组确立和实现目标	我会反思，建设性地解决问题；在小组成员帮助下能完成小组的分工任务	我提供解决问题的建议，帮助小组做出决定	良 5—7分	组评：
受到鼓励时我会时不时地分享想法，愿意与大多数的小组成员一起分享想法	不善于听取别人的意见；有不同意见，不会等对方说完就提出反对意见；不能很好地处理小组成员之间的矛盾	在追求个人需求的同时，需要提醒才能顾及小组其他成员的感受	很少或几乎不贡献自己的知识、观点、技能；需要鼓励时才能完成分配的任务；在确立目标和实现目标的过程中，需要得到帮助	被要求后我才会反思，不太能完成小组的分工任务	有时我会提供解决问题的建议，偶尔会帮助小组做出决定	一般 0—4分	

表 3-24　小组合作评价量规（任务二）（组长评）

小组：

项目	优 8—10分	良 5—7分	一般 0—4分
每个成员都能积极参与小组活动，负责地完成自己的分工			
每个成员都能将自己收集的资料献给小组共享			
小组活动有实质性的进展，或有有价值的成果出现			
小组成员关系融洽，团结协作，并有竞争意识			
与其他小组关系融洽，积极参与组间合作，并总是按时完成任务			
综合表现			

学生作品评价标准见表 3-25、表 3-26。

表 3-25 学生作品评价标准（学生用表）

项目	评价标准	优	良	一般	得分
设计创意 30 分	作品主题明确，内容健康向上，是想象力和创造力的深度结合。作品结构完整，构思新颖别致	21—30	11—20	0—10	
程序设计 40 分	概念理解准确，指令使用熟练，程序运行流畅高效无 Bug	26—40	16—25	0—15	
艺术设计 10 分	角色造型、动画、音乐及音效优美协调，程序排列整齐美观，无垃圾指令	7—10	4—6	0—3	
逻辑思维 5 分	逻辑思维清晰，程序语言表达顺畅，编程术语使用准确	4—5	2—3	0—1	
趣味设计 15 分	强调创意的原创性和独创性	11—15	6—10	0—5	

表 3-26 学生作品评价标准（教师用表）

小组	设计创意 10 分	程序设计 40 分	艺术设计 10 分	逻辑思维 10 分	趣味设计 10 分	小组合作 20 分	得分
	作品主题明确，结构完整，构思新颖别致	程序流畅运行，概念理解准确，指令使用熟练	角色造型、动画、音乐及音效优美协调	逻辑思维清晰，程序语言表达顺畅，编程术语使用准确	强调创意的原创性和独创性	有团队合作意识，成员分工明确，团结协作	小组作品得分
1 组							
2 组							
3 组							
4 组							
5 组							
6 组							

2. 执行任务（15 分钟）

教师引导学生思考，并完成以下任务：

（1）在生活中，我们常遇到在倒车过程中后方出现行人或者障碍物的情况，如何做到安全倒车呢？

（2）怎样设计行人的程序？需要用到哪些积木？

（3）怎样设计汽车的程序？需要用到哪些积木？

3. 总结与反思（10 分钟）

全部小组完成任务后，教师展示学生作品并组织学生讨论：

(1) 小组在讨论时有什么想法？该想法是如何实现的？
(2) 如何评价其他小组的作品？你们小组还有什么想法？

三、拓展（21分钟）

（一）出示任务和评价量规（3分钟）

（1）任务。

学生以小组为单位完成停车系统设计，并做简单说明。

（2）评价量规。

小组合作评价量规见表3-27、表3-28。

表3-27　小组合作评价量规（拓展任务）（学生自评）

姓名：

合作分享	学会倾听	关爱他人	我的贡献	内省反思	答惑解疑	分数	总结表现
我分享很多想法，贡献很多合适的信息，鼓励其他成员共享思想观点	尊重对方,理解对方,善于倾听对方的意见;有不同意见,也会等对方说完,自己再补充或提出反对意见;遇到分歧或困难,能心平气和地进行处理	顾及小组其他成员的感受，主动了解其他小组成员需求并关爱其他小组成员	积极参与讨论并贡献出自己的知识、观点和技能;接受并完成所有要求的任务;帮助本小组确定任务,带领小组实现预期目标	我会经常反思,思考我从中学到了什么,怎样才能做得更好,建设性地解决问题,并完成小组的分工任务	我积极地和小组成员一起解决问题,并帮助小组做出公平的决定	优 8—10分	自评： 组评：
得到鼓励时我会分享我的想法，愿意所有的成员都共享思想观点	比较善于倾听对方意见;有不同意见,会等对方说完再补充;遇到分歧或困难,能比较心平气和地进行处理	能顾及小组其他成员的感受，比较关爱其他小组成员	参与小组讨论,仅向部分同学贡献自己的知识、观点、技能;完成分配给我的任务,帮助小组确立和实现目标	我会反思,建设性地解决问题;在小组成员帮助下能完成小组的分工任务	我提供解决问题的建议,帮助小组做出决定	良 5—7分	
受到鼓励时我会不时地分享想法，愿意大多数的小组成员一起分享想法	不善于听取别人的意见;有不同意见,不会等对方说完就提出反对意见;不能很好地处理小组成员之间的矛盾	在追求个人需求的同时，需要提醒才能顾及小组其他成员的感受	很少或几乎不贡献自己的知识、观点、技能;需要鼓励时才能完成分配的任务;在确立目标和实现目标的过程中,需要得到帮助	被要求后我才会反思,不太能完成小组的分工任务	有时我会提供解决问题的建议,偶尔会帮助小组做出决定	一般 0—4分	

表 3-28　小组合作评价量规（拓展任务）（组长评）

小组：

项目	优 8—10 分	良 5—7 分	一般 0—4 分
每个成员都能积极参与小组活动，负责地完成自己的分工			
每个成员都能将自己收集的资料献给小组共享			
小组活动有实质性的进展，或有有价值的成果出现			
小组成员关系融洽，团结协作，并有竞争意识			
与其他小组关系融洽，积极参与组间合作，并总是按时完成任务			
综合表现			

（二）教师通过提问启发学生思考（8 分钟）

汽车倒入停车位时，随机位置出现的情况下不能实现倒车时一车一位，怎样完善安全停车系统？

小组讨论思考：

（1）汽车怎样实现随机出现倒车位置？

（2）怎样识别停车场的停车位？

（3）汽车应该如何运动？需要用到哪些积木？

（三）实施任务（10 分钟）

（1）学生根据讨论完成任务。

（2）全部小组完成任务后，教师展示并评价学生作品。

（本案例由单鹏设计）

案例二

智能台灯

★ 项目解析

为适应人工智能技术的快速发展，2017 年国务院印发的《新一代人工智能发展规划》明确指出，在中小学阶段应设置人工智能相关课程，并逐步推广编程教育，从而激发学生的学习兴趣，从小培养学生的编程思维和逻辑思维能力。

"智能台灯"是针对小学五年级设计的 Scraino 课程，是在学生已经接触过 Scraino 软件，对此软件有了基本的认识和操作的基础上设计的。学生通过学习"智能台灯"，理解基本的编程思路，学会连接简单的硬件，初步了解人工智能。通过探究光线传感器，结合生活实际设计智能台灯，用智慧触发创新。

小学阶段 STEM 教育的研究与实践

★ 课程领域
信息科技、美术。

★ 适用年级
适用于五年级。

★ 课时安排
时间为90分钟。

★ 教学目标
（1）了解光线传感器的连接及使用方法。
（2）学会软件编程思路及方法。
（3）能对智能台灯外形进行设计及制作，培养学生审美能力及创新能力。

★ 教学重难点
光线传感器的连接及使用方法、编程思路的设计。

★ 教学准备
光线传感器、LED模块、Nano控制器扩展板、数据线、木棒、胶水、纸杯、彩笔等。

★ 教学过程

一、发现问题

（1）生活中的台灯都是通过开关控制灯的打开关闭。怎样才能让台灯根据周围的亮度自动开关并调节亮度，使其更方便，同时节约资源呢？

（2）引出需要解决的问题——利用编程设计智能台灯程序。

二、设计过程

（一）认识硬件

教师出示本节课需要的硬件材料，通过微视频介绍光线传感器的连接方法。提示学生：注意记下连接的端口。

（二）设计编程思路

（1）硬件已经连接好了，如何设计智能台灯程序？需要解决哪些问题？学生思考并回答，教师汇总板书：如何实现智能开关灯？光线传感器中环境光线值如何界定？

（2）学生思考，教师引导学生理解光线传感器使用的编程思路：测试当前环境光线值；当光线值小于某一数值时，灯亮；当光线值大于某一数值时，灯灭。

（3）小组合作探究，设计编程思路。小组代表上台展示编程过程，分享编程思路。教师根据学生展示情况进行补充、总结。

（三）实践操作

（1）各小组使用数据线下载程序进行测试。

（2）根据测试情况对程序进行修改，再测试，直到成功。

（四）设计智能台灯外观

1.设置任务

美的外观会让人赏心悦目。让我们为自己的智能台灯设计一个好看的外观吧！需要从哪些方面入手？

学生回答，教师总结：

（1）灯架的设计。

（2）灯罩的设计。

（3）灯罩的固定。

2.设计方案

（1）确定小组成员的任务分工。

（2）根据分工进行操作实践。

分工操作实践情况见表3-29。

表3-29 分工操作实践

姓名	具体任务	选用材料
	灯架的设计	
	灯罩的设计及美化	
	灯罩的固定	

三、成果展示

教师引导学生从创新点、不足和改进措施等方面分析自己设计的智能台灯及其外观。

我们小组的智能台灯的创新点：_____

我们小组的智能台灯外观的设计亮点：_____

我们小组的智能台灯还可以这样改进：_____

四、拓展

（1）如何实现智能台灯根据周围亮度的变化自动调节灯的明暗度？

（2）我们还可以用哪些材料设计智能台灯的灯罩，使智能台灯更加美观？

五、评价量规

教学评价量规见表3-30。

表 3-30　教学评价量规

程序的编写	小组合作	汇报展示	外观展示	项目得分/分
不能完整编写智能台灯程序或程序有错误	小组没有合作	语言表达不流畅	外观不美观，灯罩固定不牢固	1
经过修改，能正确编写智能台灯程序	小组有合作，但合作过程不够顺畅	能较清晰地阐述自己作品的设计思路及特点	外观比较美观，灯罩固定比较牢固	2
能顺利编写智能台灯程序	小组合作顺畅且效率高	语言表达顺畅，思路清晰，有特色	外观美观大方，灯罩固定牢固	3

（本案例由孙毅楠设计）

案例三

灯光闪烁有规律

★ 项目解析

教师从实际问题出发，以基于项目的学习为主线，以科学探究、工程设计与制作为基础，不断地用问题驱动课堂教学。教师引导学生关注真实情境下的"灯"并提出明确目标，促使他们积极主动地参与基于项目的学习，通过解决若干个问题，最终呈现出完整的作品。教师根据学生的知识储备和探究能力水平，先布置了"连接 LED 灯"和"让小灯有规律地亮起来""设计灯语"三个学习活动，让学生在由浅入深、层层递进的实践中打下扎实的知识基础；再在此基础上，引领学生进行 LED 灯的设计制作与测试优化，让他们在一步步探究、一次次测试中发现问题、解决问题，最终完善方案。学生在整个活动过程中，需要灵活运用各学科知识，经历科学探究和工程设计的学习过程，完成主题项目，提高学生的思维能力和解决实际问题的能力，从而提高自身的科学素养。

★ 课程领域

工程、数学、技术、科学。

★ 适用年级

适用于四年级。

★ 时间安排

时间为 90 分钟。

★ 教学目标

工程：制作纸电路，设计具有艺术感的作品及相应的电路。能够根据电路图进行实物的连接。学习柔性电路的制作工艺，利用电路图解释原理。

数学：能借助图形和线条准确地表示电路实物图中的各部分及电路的连接。计算不同电路中 LED 灯片两端电压。

技术：学习利用 Arduino 控制灯片，了解 LED 灯的特点及使用方法，认识程序设计中最基本的顺序结构程序设计，掌握对 Arduino UNO 板数字输出端口进行高低电平设置和延时时间控制方法。

科学：要让灯泡亮，必须形成一个电流回路。学习电路的基本知识，认识串联电路，了解短路的特征。

★ 教学重难点

重点：掌握设置 LED 灯开关的操作方法。

难点：如何使用编程的方法让 LED 灯闪烁。

★ 教学方法

（1）任务驱动。在这堂课中，以小组合作完成闪烁的 LED 灯和模拟制作信号灯为任务。在完成任务的过程中，学生主动地做，将枯燥的知识练习暗藏于生动有趣的任务之中，情绪饱满，将学到的知识用于实际操作中，有利于对新知识的理解、掌握和熟练运用。

（2）课程整合。在本节课教学中，将生活常识和科学知识融入编程中来，动手动脑地搭建硬件以及思考程序的编写，小组明确的分工合作让课程变得更加有趣。

★ 学生分析

本案例主要针对小学四年级学生。学生已经在科学课上学习了电的基础知识，知道常用电器的工作需要一个完整的回路，能用一些基本组件连接一个简单电路，也在信息科技课上学习了 Scraino 软件的基础知识。根据他们的知识储备和探究能力，教师共安排了三项活动"连接 LED 灯""实现 LED 灯有规律的闪烁"和"设计灯语"，学生在动手设计电路、点亮小灯、实现 LED 灯有规律的闪烁等活动中，围绕如何实现完美的发光效果等进行探究。完成这一项目既能使学生获得成就感，也能促使学生掌握最基本的硬件知识和编程技巧。

★ 教学环境及资源

教师用资源：Arduino 套盒、Scraino 软件、PPT 课件、多媒体环境、评价表。

学生用资源：Arduino 套盒、计算机、评价表、白纸、笔。

★ 教学过程

一、导入（3分钟）

教师用课件展示生活中常见的汽车转向功能：汽车的转向灯一闪一闪的。

教师提出问题,学生进行讨论:

(1)生活中还有哪些地方也有闪烁功能的灯?

(2)这些灯为什么一闪一闪的呢?

这是因为闪烁更容易引起人们的注意。我们可以编写程序,实现灯光的闪烁效果。

二、设计与实践

(一)第一个任务执行与反思(10分钟)

设计LED灯所需材料如图3-4所示。

1.教师讲解有关硬件和软件(Nano控制器、LED灯、Scraino)的作用(3分钟)

(1)用Mini USB数据线将电脑和控制器的通信USB接口连接起来。

(2)LED灯是一种常见的发光元件,可以通过PHB2.0数据线与控制器的接口相连,记住是哪个接口。Nano控制器有8个PHB2.0接口。注意:一般不使用接口1,因为它同时要负责串口通信;如果要使用,需先上传程序,再连接传感器。

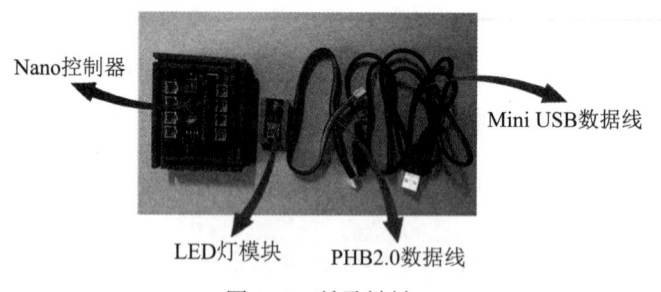

图3-4 所需材料

2.出示任务和任务单、评价量规(2分钟)

(1)任务。

连接LED灯。

(2)任务单。

请你将这个电路连接起来(如图3-5所示)。

图3-5 电路

（3）评价量规

评价量规见表 3-31。

表 3-31　第一项任务评价量规

评价内容		自我评价
学习过程评价	掌握了连接控制器的方法	
	会选择元件	
学习结果评价	能用电路图正确表示出 LED 灯的连接方式	
	能正确连接电路	

3. 执行任务（5 分钟）

教师展示电路连接脚手架，出示任务，学生动手操作。

（二）第二个任务执行与反思（25 分钟）

1. 提出疑问

我们都连接好了电路，小灯为什么不亮？

2. 分析问题

假如我们用说话的方式给这个电路板编程序，你说一句什么命令，能让这盏灯亮起来？

如何实现灯灭的效果？

如何实现灯闪烁的效果？（不断重复开和关的状态）

出示相关积木，学生讨论探究。

3. 介绍积木

（1）离线模式。

Nano 主程序是离线模式，第一个开口处的内容只会执行一次，可以不写任何代码。Loop 中的内容会循环执行。

当小绿旗被点击为交互模式，连接电脑时，可以运行，但是拔下数据线后就不能再执行了。

（2）上传到控制器。

程序完成后，切换到"离线模式"，上传到控制器，观察小灯的闪烁效果。

4. 出示任务和任务单、评价量规（2 分钟）

（1）任务。

让小灯有规律地亮起来。

（2）任务单。

以小组为单位尝试编写程序，让小灯闪烁起来！

(3) 评价量规。

评价量规见表 3-32。

表 3-32　第二项任务评价量规

评价内容		自我评价
学习过程评价	掌握了设计程序的方法	
	在制作电路的过程中提出了改进方法	
学习结果评价	能正确选择离线模式和交互模式	
	能控制 LED 灯的亮和灭	

5. 执行任务(15 分钟)

请同学们自己尝试编写程序,让 LED 灯闪烁起来吧!

活动进行时,教师通过观察学生的进度,了解和掌握学生的活动情况,及时指导或引导学生解决编写中出现的问题。同时,引导学生使用小秘籍中的技巧和方法,实现 LED 灯规律闪烁的效果。

6. 汇总整理信息(5 分钟)

各小组对制作的电路进行测试,看电路是否符合要求,并介绍是怎样控制灯的闪烁的;若未达到预设要求,对电路继续加以改进。

小结:用"等待 1 秒"的积木控制灯亮和灭的时间长短,否则,速度太快,看不到闪烁效果;也可以通过改变时间的长短,改变 LED 灯的闪烁频率。

三、拓展应用(40 分钟)

(一)出示任务(8 分钟)

在生活中,让灯光间歇地闪烁,就可以发出不同的信号来传递不同的信息,这就是灯语。灯语是一种通信工具,是特定环境下的信息交流方式。有些灯语是国际通用的,如国际求救信号 SOS(三长三短三长);有些灯语是在一定范围内约定俗成的,如汽车灯语(夜晚遭遇强灯闪眼,闪两下大灯,提醒对方关闭强光)。

教师提出新问题:结合生活实际情况,你还能用 LED 灯实现什么效果?如何对电路进行方案优化?

学生在头脑风暴式的思考后,通过小组讨论,逐步形成设计思路。

(1) 任务。

小组讨论,改进电路,模拟灯语。

(2) 评价量规。

评价量规见表 3-33。

表 3-33　模拟灯语评价量规

评价内容		自我评价
学习过程评价	掌握根据实际需要设计开关的方法	
	在制作电路的过程中提出改进方法	
	在测试后提出优化方案	
学习结果评价	能用电路图正确表示出 LED 灯的连接方式	
	能控制 LED 灯的亮和灭	
	能正确解释 LED 灯的工作原理	

（二）实施任务（20 分钟）

学生以小组为单位，先优化电路图，再根据讨论结果及提供的材料进行实物连接，完成操作。

（三）作品展示及交流分享（10 分钟）

全班交流、分享，并对本项目学习案例进行总结：

(1) 小组在设计制作过程中遇到了哪些困难？是如何解决的？

(2) 本项目学习案例中，你们有哪些收获和体会？

(3) 你们对设计制作的作品还有什么改进与优化的建议吗？

（四）评价（2 分钟）

学生对学习过程和学习结果进行自我评价。

四、课堂小结（2 分钟）

你们学到了哪些知识？

（本案例由单鹏设计）

》》案例四

噪声警示器

★ **课程解析**

本课程借助制作噪声警示器活动，引领学生了解噪声的危害，进而通过编程实现软硬件的结合。通过查找相关资料、测试声音分贝、制作和连接警示灯等项目实践活动，了解噪声的相关知识，实现科学、信息科技等学科的融合；培养学生的观察能力、科学探究精神和动手实践能力。

★ **课程领域**

科学、技术、信息科技。

⭐ 适用年级

适用于五年级。

⭐ 时间安排

时间为 90 分钟。

⭐ 项目任务

（1）了解什么是噪声、噪声带来的危害。

（2）了解噪声的标准。

（3）通过编程软件编写程序，并与硬件相结合，提醒大家"轻轻说话"，减少噪声。

⭐ 教学过程

一、课前准备

（1）教师准备：Scraino 配套教具、Scraino 编程软件。

（2）学生准备：手机。

（3）环境布置：网络教室、无线网。

二、具体实施

（一）了解什么是噪声及其危害和标准

任务：通过网络搜索什么是噪声及噪声带来的危害，查询噪声标准，并将查询结果填于表 3-34 中。

表 3-34　噪声标准

分贝	影响
……	……

（二）测试

1. 任务

使用手机上的分贝测试仪进行测试，感受不同分贝值的声音的大小，并与 Scraino 感知模块中的响度结合。

2.要求

（1）安装分贝测试仪，结合噪声标准中的数据进行测试，体会声音大小与分贝之间的关系。

（2）打开 Scraino 感知模块中的响度命令，利用分贝测试仪测试响度中的数值。

（3）将测试结果填写到表 3-35 中。

表 3-35　测试结果

分贝值	响度值
……	……

（三）编写程序

编写程序，并与硬件结合，起到提示作用。

材料：Scraino 配套教具。

要求：

（1）结合前面两个表格的数值进行创意编程，实现能根据录入声音的大小起到语言提示的作用。

（2）连接硬件警示灯，根据响度数值的不同，出现不同的警示效果。

（四）评价

噪声警示器评价量表见表 3-36。

表 3-36　噪声警示器评价量表

程序编写	硬件与软件的结合度	小组协作	总结展示	成绩
程序编写完整且无误，运行流畅	软硬件结合完美，根据程序数值的改变，警示灯产生不同的效果	分工清晰，小组协作较顺畅	小组成员共同汇报，能详细说明制作过程，表达能力强	A
程序编写正确，但不完整	软硬件结合一般，根据程序数值的改变，警示灯产生效果单一	有基本的分工，协作有时不顺畅	一人或两人上台汇报，表述较完整，表达能力较强	B
程序编写有错误，不能正确运行	软硬件没有结合	无分工协作，由少数组员完成任务	一人上台汇报，表述不完整	C

注意：A 代表"优秀"，B 代表"良好"，C 代表"一般"。

三、总结与反思

学生完成任务后,教师组织学生讨论。可以针对任务完成的关键点抛出一系列问题引发学生思考和反思,可以呈现一部分学生的实践成果,也可以在总结后布置一些拓展性实践作业或者课程的延伸性任务等。

(本案例由孙毅楠设计)

案例五

二维码制作与应用
——学习二维码生成与解码原理

★ 课程背景与目标

随着信息技术的飞速发展,二维码作为一种便捷的信息传递方式,已经渗透到我们生活的方方面面。从超市支付、产品溯源到公众号推广、活动门票,二维码的应用越来越广泛。掌握二维码的生成与解码原理,不仅有助于我们更好地理解信息编码技术,还能激发创新思维,培养实践能力。

在当前教育背景下,STEM 教育作为一种跨学科的教育理念,强调科学、技术、工程和数学四个领域的有机融合。通过 STEM 教育,学生可以更好地理解和应用跨学科知识,培养解决问题的能力和创新精神。

因此,我们设计了"二维码制作与应用——学习二维码生成与解码原理"这一 STEM 课程。本课程旨在通过实践操作的方式,让学生了解二维码的基本概念和应用场景,掌握二维码的生成原理和方法,学会使用二维码扫描工具进行解码。同时,通过拓展应用环节,引导学生思考二维码在其他领域的应用可能性,培养他们的创新思维和实践能力。

通过本课程的学习,学生将能够深入了解二维码技术的原理和应用,掌握相关的技术工具和操作方法,同时提升 STEM 素养和创新实践能力,为未来的学习和生活奠定坚实的基础。

★ 课程领域

这个案例的课程领域主要属于 STEM 教育中的技术和数学领域,同时也涉及科学和工程的元素。

一、技术领域

本课程主要围绕二维码技术的生成和解码过程展开,让学生了解并掌握二维码技术的实际应用。通过实践操作,学生将学习如何使用二维码生成器软件或在线平台,以及如何使用扫描工具进行解码。这些都是技术领域的核心内容,旨在培养学生运用现代技术工具解决问题的能力。

二、数学领域

二维码的生成原理涉及二进制编码,这是数学领域的一个重要概念。学生在课程中将学习如何将文字、数字等信息转换为二进制代码,并通过特定的几何图形在二维平面上表示这些代码。这一过程需要学生运用数学思维和逻辑推理能力,理解并应用二进制编码的原理。

三、科学领域

在课程中,学生将接触到二维码的科学原理,如信息编码、信息存储和信息传输等。通过了解二维码如何记录数据符号信息,学生可以进一步认识科学在信息技术领域的应用和重要性。

四、工程领域

在拓展应用环节,学生需要思考并设计二维码的创新应用方案。这涉及工程设计和解决问题的能力,要求学生将所学的 STEM 知识应用于实际情境中,设计出具有实用性和创新性的二维码应用方案。

综上所述,这个案例的课程领域涵盖了 STEM 教育的多个方面,通过实践操作和跨学科学习,旨在培养学生的综合素养和创新精神。

★ 适用年级

此案例适用于小学高年级,特别是五六年级。在这个年龄段,学生已经具备了一定的基础知识和操作技能,能够理解和操作相对复杂的技术工具。同时,小学高年级的学生正处于思维活跃的时期,对于新鲜事物和有趣的技术应用有着浓厚的兴趣,因此更容易被这个课程所吸引。

★ 时间安排

该课程的学习时间建议为 60 分钟。这样可以确保学生有足够的时间来学习和掌握二维码的生成与解码原理,进行实践操作,并完成拓展应用的设计与实施。在安排课程时,教师可以根据学生的实际情况和学习进度,适当调整课时长度和内容深度,以确保教学效果和学生的学习体验。

通过适当的学习年级和学习时间的安排,这个案例的课程将能够为学生提供一个有趣且富有挑战性的学习环境,帮助他们深入了解二维码技术的原理和应用,提升 STEM 素养和创新实践能力。

★ 课程任务

通过生活中的例子,教师引导学生了解二维码应用的广泛性,学习二维码的基本概念、生成原理及应用场景。指导学生使用生成器,输入自己的信息生成个性化二维码,引导学生思考二维码的创新应用,最终通过每个小组的作品展示，其他同学进行评价和建议，共同提升创新思维和实践能力。

★ 教学重点

本课程的教学重点是二维码的基本概念与原理、二维码的生成与解码操作、创新思维与实践能力的培养。

★ 教学难点

本课程的教学难点是二维码生成原理的深入理解、创新思维的培养与引导。

★ 教学方法

（1）讲解法。详细讲解二维码的基本概念、生成原理以及应用场景，这种方法注重知识的传递和解释，为学生后续的实践操作提供理论基础。

（2）互动体验法。在教学过程中，引导学生进行实践操作，如使用生成器生成二维码、使用手机扫描二维码等。通过亲身参与和体验，学生能够更加深入地理解二维码的生成与解码过程，提升实践操作能力。

（3）基于项目的学习法。在拓展应用环节，引导学生思考二维码的创新应用，并鼓励他们分小组进行项目设计。通过基于项目的学习，学生能够综合运用所学知识，发挥想象力和创造力，培养解决问题的能力。

★ 材料准备

二维码生成器的网址或软件、手机或扫描设备，用于美化二维码的背景图片、图标、文字等。

★ 教学过程

一、导入新课（5分钟）

教师通过展示日常生活中的二维码应用场景（如超市支付、公众号推广等）的图片或视频，引起学生的兴趣和好奇心。

教师提问学生："你们平时见过哪些二维码？它们有什么作用？"引导学生分享自己的经验和观察。

导入新课环节的评价量表见表3-37。

表3-37　导入新课环节评价量表

评价项	描述	等级
兴趣和好奇心	学生是否对二维码的应用场景表现出兴趣和好奇心	A/B/C/D
分享经验	学生是否积极地分享自己平时见过的二维码及其作用	A/B/C/D

注意：上述评价量表中的等级（A/B/C/D）可以根据实际情况进行具体定义，如A代表"优秀"，B代表"良好"，C代表"一般"，D代表"需努力"。实际应用中可能需要根据具体的教学目标和教学内容进行适当的调整。

二、知识讲解（10分钟）

教师介绍二维码的基本概念，包括它的起源、发展和应用领域。

教师讲解二维码的生成原理，包括二进制编码、数据符号信息的记录方式以及如何通过黑白相间的方格在二维平面上表示这些信息。

教师展示二维码的解码过程，解释扫描工具如何识别和解码二维码中的信息。

知识讲解环节的评价量表见表3-38。

表3-38 知识讲解环节评价量表

评价项	描述	等级
理解基本概念	学生是否理解二维码的起源、发展和应用领域	A/B/C/D
掌握生成原理	学生是否掌握二维码的生成原理，包括二进制编码和数据记录方式	A/B/C/D
理解解码过程	学生是否理解二维码的解码过程，包括扫描工具如何识别和解码信息	A/B/C/D

注意：上述评价量表中的等级（A/B/C/D）可以根据实际情况进行具体定义，如A代表"优秀"，B代表"良好"，C代表"一般"，D代表"需努力"。实际应用中可能需要根据具体的教学目标和教学内容进行适当的调整。

三、实践操作：生成二维码（15分钟）

教师演示如何使用二维码生成器软件或在线平台，介绍软件界面、基本功能和操作步骤。

学生跟随老师的演示自己动手操作，输入想要编码的信息（如姓名、班级、祝福语等），并调整二维码的颜色、大小等参数，生成个性化的二维码图片。

教师巡视指导，帮助学生解决操作中遇到的问题，确保每个学生都能成功生成二维码。

该环节的评价量表见表3-39。

表3-39 生成二维码环节评价量表

评价项	描述	等级
操作能力	学生是否能独立使用二维码生成器软件或在线平台生成二维码	A/B/C/D
创意实现	学生是否能成功调整二维码的颜色、大小等参数，生成个性化的二维码图片	A/B/C/D
问题解决	学生在操作中遇到问题时，是否能主动寻求帮助并解决问题	A/B/C/D

注意：上述评价量表中的等级（A/B/C/D）可以根据实际情况进行具体定义，如A代表"优秀"，B代表"良好"，C代表"一般"，D代表"需努力"。实际应用中可能需要根据具体的教学目标和教学内容进行适当的调整。

四、实践操作：解码二维码（10分钟）

教师介绍二维码扫描工具的使用方法，并演示如何扫描二维码进行解码。

学生使用手机或其他扫描工具，扫描自己或同学生成的二维码，查看解码后的信息。

学生分享解码体验,讨论在解码过程中遇到的问题和解决方法。

该环节的评价量表见表 3-40。

表 3-40 解码二维码评价量表

评价项	描述	等级
使用扫描工具	学生是否能熟练使用扫描工具进行二维码解码	A/B/C/D
分享解码体验	学生是否能积极分享解码过程中的体验和发现	A/B/C/D
解决问题的能力	学生在解码过程中遇到问题时,是否能有效分析和解决	A/B/C/D

注意:上述评价量表中的等级(A/B/C/D)可以根据实际情况进行具体定义,如 A 代表"优秀",B 代表"良好",C 代表"一般",D 代表"需努力"。实际应用中可能需要根据具体的教学目标和教学内容进行适当的调整。

五、拓展应用:创新设计(15 分钟)

教师引导学生思考二维码在其他领域,如创意广告、活动推广、个人信息展示等,应用的可能性。

学生分小组进行讨论,提出自己的创意方案,并尝试使用二维码生成器制作实现。

每小组选一名代表展示并解释他们的创意二维码作品,其他同学进行评价和建议。

该环节的评价量表见表 3-41。

表 3-41 创新设计评价量表

评价项	描述	等级
创新思维	学生是否能提出具有创新性的二维码应用方案	A/B/C/D
团队协作	学生是否能有效分组,并与小组成员共同合作完成创意方案	A/B/C/D
作品展示	学生是否能清晰展示并解释其创意二维码作品	A/B/C/D
互动评价	学生是否能积极参与对其他同学作品的评价和建议	A/B/C/D

注意:上述评价量表中的等级(A/B/C/D)可以根据实际情况进行具体定义,如 A 代表"优秀",B 代表"良好",C 代表"一般",D 代表"需努力"。实际应用中可能需要根据具体的教学目标和教学内容进行适当的调整。

六、总结与反思(5 分钟)

教师总结本节课的学习内容,强调二维码技术的原理和应用价值,引导学生反思学习过程,分享自己的学习收获和体会。

课后作业:学生回家后尝试制作一个与家庭或生活相关的二维码作品,并分享给家人或朋友。

通过以上详细的教学过程，学生可以全面了解二维码的生成与解码原理，掌握相关的技术工具和操作方法，并在拓展应用环节发挥创新和实践能力。同时，教师在教学过程中应注重激发学生的学习兴趣和积极性，鼓励他们主动探索和发现二维码技术的更多应用可能性。

（本案例由赵晓波设计）

第三节　基于小学数学学科的 STEM 教育案例

作为一门基础性学科，小学数学是国家课程，是所有学科学习的基础。在小学数学课堂教学中，教师可以有目的、有意识地融入 STEM 理念，以培养学生的创新能力及创新思维为重点，利用现代化教学手段，在趣味性、客观性和技术性的教学环节中推动跨学科知识的互相融合和补充，促进学生数理能力和思维体系的进一步完善和深化，完成教学任务，为培养综合型人才奠定基础。

▶▶▶ 案例一

全家自驾游

★ 项目解析

本节课结合泰山出版社第二册第一单元第一课《植物信息大搜索》和青岛版第三册下数学第十单元实践活动《全家自驾游》融合创作 STEM 课例。信息科技的主要内容是借助搜索引擎上网搜索植物的信息，从而掌握上网搜索自己需要的有价值信息的方法。数学的主要作用是在学生学习了有关乘除法计算、混合运算以及有关路程与单价的数量关系基础上为学生创设一个全家五口驾车游玩三天的生活情境，让学生从驾车路线、住宿、门票、餐饮等方面有目的、有步骤地合作设计全家自驾游计划的过程，感受数学与生活的密切联系。整合两个学科的要求，教师将教学内容调整为"全家自驾游"，设计一个全家五口驾车从东营到青岛游玩三天的计划。活动要求学生以小组形式设计一个旅行计划，为完成任务，要求学生掌握获取信息的过程及方法，掌握获取网络信息的策略与技巧及对信息的鉴别与评价的内容进行提炼和综合，从而掌握获取信息的技巧，培养学生的应用意识。

★ 课程领域

工程、数学、技术、科学。

★ 适用年级

适用于三年级。

⭐ 时间安排

时间为 60 分钟。

⭐ 教学目标

（1）培养学生获取信息的能力，并能对获取的信息进行鉴别与评价，同时进行简单的加工和整理。

（2）培养学生在网络环境下进行研究性学习、自主性学习和协作性学习的能力。

（3）通过合作探究的方式，学生利用发现的规律解决"设计全家自驾游计划"问题，设计旅游计划方案。

（4）在解决问题的过程中，学生感受数学与科学、工程、技术的密切联系，进一步激发学习数学的兴趣，培养创新精神和问题解决能力。

⭐ 教学重难点

沟通数学与技术的知识联系，综合运用多学科知识和方法，系统地经历解决问题的过程——设计、表达、实践、检验、反思、调整。

⭐ 学生分析

本节课的教学对象是三年级学生，通过半年多的信息科技学习，他们已经具备了处理信息的基本能力，也学习了有关乘除法计算、混合运算以及有关路程与单价的数量关系等内容。在设计教学过程中，教师要抓住学生感兴趣的活动，利用学生爱表现的特点，通过引导他们做旅行计划这种活动，将知识融入生活中，并充分给予他们鼓励和肯定，甚至将部分学生的作品展示给全班学生观摩，让学生去评价，让每个学生获得成就感，这有利于学生感悟数学与生活的密切联系。

⭐ 教学环境及资源

教师用资源：PPT 课件、多媒体环境、机房、评价表。

学生用资源：计算机、评价表、白纸、笔。

⭐ 教学过程

一、导入（5分钟）

教师通过媒体出示青岛宣传片并提问：你们知道宣传片里主要介绍了哪些景点吗？谁能说一说？

师小结：每个城市都有自己的特色和文化，这些景点都是青岛的城市名片。

师：为了能更深入地了解青岛这座城市，我们一家五口暑假要驾车从东营到青岛旅游三天，你们能帮老师制订一个自驾游计划吗？

【设计意图】创设自驾游情境,贴近学生生活实际,有利于激发学生参与学习的兴趣。将"综合与实践"的教学活动仅当成一节课,这样的理解是狭隘的,实施是单一的。尝试以STEM案例的形式实施"综合与实践"教学活动,能够使课堂上的探究时间更加充裕,有助于课堂上集中时间和精力探究数学问题。

二、设计与实践

(一)第一个任务执行与反思(16分钟)

1.搜索信息(8分钟)

(1)出示任务。

师:一个旅游计划包含哪些方面呢?请同学们先自己想一想,再在小组内交流。

(2)任务单。

第一项任务的小组任务单见表3-42。

表3-42 小组任务单

出发地		目的地		天数	
出游考虑因素:					

(3)评价量规。

小组合作评价量规见表3-43、表3-44。

表3-43 小组合作评价量规(任务一)(学生自评)

姓名:

合作分享	学会倾听	我的贡献	解决问题	分数	总结表现
主动和同学配合,乐于帮助同学,认真倾听同学的观点和意见,对小组的学习做出贡献	尊重对方,理解对方,善于倾听对方的意见;有不同意见,也会等对方说完,自己再补充或提出反对意见;遇到分歧或困难,能心平气和地进行处理	积极参与活动,主动提出设想、建议,不怕困难和辛苦	活动方案构思新颖,会用多种方法搜集、处理信息,实践方法、方式多样,能运用已有的知识解决问题	优 8—10分	自评:

续表

合作分享	学会倾听	我的贡献	解决问题	分数	总结表现
乐于合作,能和同学交流并尊重他人,在小组内能和同学配合完成任务,能听取同学的建议	比较善于倾听对方的意见;有不同意见,会等对方说完再补充;遇到分歧或困难,能比较心平气和地进行处理	能按老师要求参与活动,在老师督促下提出设想和建议,遇到困难能想办法解决	活动方案切实可行,能搜集资料,及时处理信息,根据老师提供的方法参加实践活动	良 5—7分	组评:
能够完成小组长布置的任务	不善于听取别人的意见;有不同意见,不会等对方说完就提出反对意见;不能很好地处理小组成员之间的矛盾	在小组成员的影响下参与活动,没有自己的设想和建议,不主动克服困难	参照别人的设计能写出活动方案,能自己整理老师提供的资料	一般 0—4分	

表3-44 小组合作评价量规(任务一)(组长评)

小组:

项目	优 8—10分	良 5—7分	一般 0—4分
每个成员都能积极地参与小组活动,负责地完成自己的分工			
每个成员都能将自己收集的资料与小组共享			
小组活动有实质性的进展,或有有价值的成果出现			
小组成员关系融洽,团结协作,并有竞争意识			
综合表现			

2. 执行任务(20分钟)

小组汇报,教师补充。(从学生的交流中还引出一些诸如车油费、过路费、住宿费、餐饮费、景点门票费等)

3. 总结与反思(3分钟)

师:大家考虑得真周全,这些是制订自驾游计划的必要内容。这些信息可以从哪些渠道获得呢?

师:对,我们打开浏览器,使用"搜索引擎"工具在网上搜集信息,常见的"搜索引擎"有百度、搜狗等。输入关键字,单击右侧按钮,就能找到与它相关的各种网页。选择并单击相应链接,进入网页,浏览信息,从而找到对自己有用的信息。

(二)第二个任务执行与反思(27分钟)

1. 出示任务和任务单、评价量规(2分钟)

(1)任务。

以小组为单位制订一个一家五口的自驾游计划。

学生从行车路线及车油费、高速费,住宿的宾馆,景点及门票,伙食费等方面分工合作。

(2)任务单。

小组任务单见表3-45。

表3-45 小组任务单

出发地		目的地		路程/km	
行程线路:					
天数		车油费		门票费	
住宿安排及费用:					
餐饮安排及费用:					
其他事项产生的费用:					

(3)评价量规。

小组合作评价量规见表3-46、表3-47。

表3-46 小组合作评价量规(任务二)(学生自评)

姓名:

合作分享	学会倾听	我的贡献	解决问题	分数	总结表现
主动和同学配合,乐于帮助同学,认真倾听同学的观点和意见,对小组的学习做出贡献	尊重对方,理解对方,善于倾听对方的意见;有不同意见,也会等对方说完,自己再补充或提出反对意见;遇到分歧或困难,能心平气和地进行处理	积极参与活动,主动提出设想、建议,不怕困难和辛苦	活动方案构思新颖,会用多种方法搜集、处理信息,实践方法、方式多样,能运用已有的知识解决问题	优 8—10分	自评:
乐于合作,能和同学交流并尊重他人,在小组内能和同学配合完成任务,能听取同学的建议	比较善于倾听对方的意见;有不同意见,会等对方说完再补充;遇到分歧或困难,能比较心平气和地进行处理	能按照老师要求参与活动,在老师的督促下提出设想和建议,遇到困难能想办法解决	活动方案切实可行,能搜集资料,及时处理信息,根据老师提供的方法参加实践活动	良 5—7分	组评:
能够完成小组长布置的任务	不善于听取别人的意见;有不同意见,不会等对方说完就提出反对意见;不能很好地处理小组成员之间的矛盾	在小组成员的影响下参与活动,没有自己的设想和建议,不主动克服困难	参照别人的设计能写出活动方案,能自己整理教师提供的资料	一般 0—4分	

表 3-47　小组合作评价量规(任务二)(组长评)

小组：

项目	优 8—10分	良 5—7分	一般 0—4分
每个成员都能积极参与小组活动,负责地完成自己的分工			
每个成员都能将自己收集的资料与小组共享			
小组活动有实质性的进展,或有有价值的成果出现			
小组成员关系融洽,团结协作,并有竞争意识			
综合表现			

学生探讨后进行分工,并完成以下任务:

(1)规划从东营到青岛往返的行车路线,计算车油费、高速费。

(2)安排住宿的宾馆及房间,计算三天的住宿费。

(3)设计要参观的景点路线,计算全家的景点门票花费。

(4)安排一日三餐,计算三天的伙食费。

【设计意图】这是一个运用数学知识和信息科技知识解决实际问题的过程。学生充分利用网络资源解决实际问题,在搜索过程中,借助搜索引擎搜索信息时,输入文字越少,搜索到的信息越多。同时,通过分工合作,小组共同筛选信息,制订合理计划。

3.汇总整理信息(10分钟)

以小组为单位汇报相关调查数据。

(1)行车路线:我们组通过调查发现,走高速公路大约(　　)千米,油费大约是(　　)元,高速公路过路费大约是(　　)元。

(2)住宿宾馆:我们选择的三人间的费用是一晚上(　　)元,两人间的费用是一晚上(　　)元,一天一共(　　)元,两晚上的费用是(　　)元。

(3)景点门票:我们选择第一天下午去的景点是海底世界,每人(　　)元,一共(　　)元;第二天上午去的景点是(　　),每人(　　)元,一共(　　)元;第二天下午去的景点是(　　),每人(　　)元,一共(　　)元;第三天上午去的景点是(　　),每人(　　)元,一共(　　)元。

(4)伙食费:早餐每人(　　)元,一共吃两次早餐,5人一共是(　　)元;中餐每人(　　)元,一共吃三次午餐,5人一共是(　　)元;晚餐每人(　　)元,一共吃两次晚餐,5人一共是(　　)元。

(5)纪念品费:买了(　　)种纪念品,一共(　　)元。

每个小组汇报时注意汇报以下情况:

(1)小组在讨论时有什么想法？遇到了哪些困难？
(2)如何评价其他小组的作品？

【设计意图】小组通过交流明确活动设计的具体内容，进行分工合作。教师通过引导学生借助搜索引擎搜索所需全家自驾游的信息，让学生感受使用搜索引擎搜索文字和图片信息的便捷，并认识到只要掌握了方法和技巧，就能在网上找到需要的、有价值的信息。这一活动，也引领学生学会甄别信息。

三、拓展应用(10分钟)

(一)出示任务(5分钟)

师：今天我们学会使用搜索引擎制订自驾游计划，你们能根据搜集的相关费用的信息，有选择地进行计算吗？

教师用课件出示统计表(见表3-48)，学生进行计算统计。

表3-48　自驾游各项消费情况统计表

消费项目	费用	消费项目	费用
油费		伙食费	
过路费		门票费	
住宿费			
其他			
合计			

【设计意图】结合数学知识和今天搜集的信息，汇总整理，完成信息的应用。

(二)执行任务(5分钟)

(1)学生根据前面搜集的结果完成任务。
(2)全部小组完成任务后，教师展示并评价学生作品。

四、课堂小结(2分钟)

师：在本次活动中，同学们通过使用搜索引擎，给我们展示了一个个丰富多彩的自驾游计划，我们不但学会了知识，还能学以致用。通过这次活动，我们对青岛也有了更深入的了解。中国地大物博，风景秀丽，同学们可以利用所学的知识，搜索和设计旅游方案，争取走遍中国各地，领略大好河山。

板书设计：

全家自驾游

活动内容：确定驾车路线、设计行程、计算旅游费用。

使用工具：搜索引擎。

使用方法：文字搜索、图片搜索。

小学阶段 STEM教育的研究与实践

⭐ **设计说明**

本节课结合数学和信息科技的内容,为学生创设一个全家五口驾车从东营到青岛游玩三天的生活情境,让学生从驾车路线、住宿、门票、餐饮等方面有目的、有步骤地合作完成设计全家自驾游计划,体会信息科技在生活中的应用,感受数学与生活的密切联系。

提出问题后,怎样获取信息?学生知道要上网搜索,但是怎么搜索,使用什么工具,学生不明确,从而通过师生交流引出本节课的知识点——使用搜索引擎。学生通过尝试探索搜索引擎的使用方法,教师简单介绍后学生开始探究活动。小组通过分工,分别用搜索引擎搜集车油费、过路费、住宿费、餐饮费、景点门票费、纪念品费等信息。最后收集和整理数据,并进行交流汇报。教师可根据汇报情况引导学生认识搜索引擎的"以图搜图"功能,掌握如何借助图片或照片搜索信息的方法。同时,在操作过程中将操作方法和技巧贯穿其中,教师可引导学生在实际生活应用中尝试使用这些技巧,并引导其探索更多搜索信息的方法和技巧。

在拓展应用环节,结合数学课本内容,学生统计自驾游各项消费情况,体验数学在解决实际问题中的价值。

(本案例由单鹏设计)

案例二

烙饼问题

⭐ **项目解析**

小学数学课程中,"烙饼问题"可以设计成一个STEM案例,来教授学生如何应用数学解决现实问题。该课程的背景与目标主要包括:

(1)理解数学模型。学生学习"烙饼问题"的数学模型,掌握不同张数"烙饼"最优化方案的基本规律,并能进行相关的简单实际应用。将具体问题抽象成为带有数学符号和数学数字的模型,从而帮助学生体会和感悟模型思维在小学数学教学中的运用价值,避免学生在问题解决过程中过多地受到来自主观经验和外部因素的干扰。

(2)经历学习过程。通过观察、操作、比较、讨论等,引导学生经历解决问题的过程,从而培养学生的逻辑思维和问题解决能力。

(3)培养团队协作能力。学生将参与一系列以"烙饼问题"为主题的STEM活动,通过自主探索和团队合作,学习如何共同解决问题。

(4)认识到数学的重要性。学生将了解到数学在解决实际问题中的重要性,增强学习数学的兴趣和动力。

这样的课程设计,学生不仅能够学到数学知识,还能够提高综合素养,包括创新思维、批判性思维和团队合作等能力。这些能力对于学生未来的学习和生活都是非常重要的。同时,这种教学方法也有助于激发学生的学习兴趣,使他们能够更加积极地参与到学习过程中来。

★ 课程领域

数学建模、劳动教育、科学。

★ 适用年级

适用于四年级。

★ 时间安排

时间为60分钟。

★ 课程任务

(1)学生将了解"烙饼问题"的背景和实际应用,并了解数学在解决实际问题中的重要性。

(2)学生将参与一系列以"烙饼问题"为主题的STEM活动,通过自主探索和团队合作来深化对数学概念的理解,并培养创造力和创新精神。

(3)通过"烙饼问题"的探索与实践,学生将发展数学思维,提高逻辑推理和解决问题的能力,同时培养团队合作能力和沟通技巧。

★ 教学重难点

重点:体验解决策略的多样化,并在寻求最优方案中初步感悟优化的数学思想。

难点:寻找最优方案,并从中发现规律。

★ 教学过程

一、创设生活情境,激发求知欲

师:同学们,你们早餐都吃些什么?(学生:牛奶、鸡蛋、豆浆、包子……)看来,大家都很注重早餐的营养搭配。

(1)有同学说早餐吃了煮鸡蛋,请问:煮一个鸡蛋要用7分钟,煮5个鸡蛋要用多长时间?你们是怎么想的?如图3-6所示。

师小结:把5个鸡蛋同时放到锅里一起煮,既可以节省时间又能节约资源,看来煮鸡蛋是要讲究策略的。

(2)淘气放学回家后,写作业用了40分钟,听音乐用了20分钟,跳绳用了20分钟,请问:淘气最少用多少时间能完成任务呢?

师：听音乐和跳绳"同时完成"（板书）可以节省20分钟，我们把这种方案称为"最佳方案"（板书）。最佳方案是什么意思？（优化）时间是宝贵的，它一去不复返。如果这20分钟给你们，你们能利用这20分钟完成什么事？

师：同学们，你们知道吗？刚才我们在解决问题时就已经不知不觉用到了数学中一个重要的思想，它就是——优化。（课件出示"优化"）

这节课就让我们共同走进课堂，一起去探究学习。

图3-6 煮鸡蛋

二、合作探究，收获知识

下面我们以"学校餐厅吃烙饼"为主题，探究"烙饼问题"的规律，学习解决简单的实际问题的方法。

师：今天，老师想带大家去学校餐厅，去尝一尝招牌小吃——烙饼。你们期不期待？（课件播放餐厅的各色烙饼）自己动手，丰衣足食。这节课咱们要做的事情就是跟着餐厅的这位大厨师傅去烙烙饼。一口锅同时只能烙两张饼（如图3-7所示），每个饼要烙两面——正面和反面，每面三分钟。大厨师傅为了尽快烙出足够的饼，犯了难，你们能帮帮他吗？

图3-7 烙饼

任务一：烙饼分配活动设计

1. 活动

团队协作烙饼分配挑战。

2. 要求

学生以小组的形式参加烙饼分配比赛。每个小组将收到一堆不同大小的烙饼,并合理分配给小组成员。最快完成且分配最公平的小组获胜。

3. 评价量表

评价量表见表3-49。

表3-49 评价量表

团队合作	分配公平	速度效率	创新思维	整体评价	等级
成员间配合默契,高效沟通	分配极其均匀,无人有异议	迅速完成分配,且准确无误	提出新颖的分配方法,效果显著	各方面表现均优秀,值得表扬	优秀
沟通顺畅,能合作完成任务	分配较为均匀,个别微调	完成速度较快,质量尚可	有一些创新尝试,效果一般	大部分方面表现良好,有亮点	良好
沟通不够,但能完成分配	存在分配不均,但有共识	在规定时间内完成,但稍显缓慢	采用传统方法,无创新	某些方面需要提升,但总体可接受	一般
沟通困难,难以合作	分配极不公平,引发争议	超出规定时间,效率低下	难以提出有效的分配方法	整体表现不佳,需全面加强	待提高

任务二:烙饼排序算法探究和实践

1. 活动一:烙饼排序算法探究

要求:学生尝试不同的烙饼排序算法(见表3-50),并比较它们的效率、复杂度和准确性。学生学习排序算法,并模拟烙饼排序过程。通过实践和分析,学生理解不同算法的特点和优劣,并选择合适的算法解决"烙饼问题"。

表3-50 烙饼排序算法

饼数/张	烙饼次数/次	所需时间/分钟
2		
3		
4		
5		
6		
7		
8		
……	……	……

2. 活动二:烙饼数学模型构建

要求:学生运用数学知识构建"烙饼问题"的数学模型,学习图论中的树结构和图的遍历算法,并将其应用到"烙饼问题"中。通过模型构建和求解,学生深入理解"烙饼问题"的本质,并探索最优解决方案。

方法一:见表3-51。

先烙两张再烙第三张。

时间:3×4=12分钟。

表3-51　方法一

饼	3分钟	3分钟	3分钟	3分钟
第一张	正	反		
第二张	正	反		
第三张			正	反

方法二:见表3-52。

先烙两张正面,再烙其中一张的反面和第三张的正面,最后烙剩下的二面。

时间:3×3=9分钟。

表3-52　方法二

饼	3分钟	3分钟	3分钟
第一张	正	反	
第二张	正		反
第三张		正	反

通过以上简化版的数学模型构建,学生抛弃烙饼的具体过程,直接通过模型化和符号化的思维进行解题。从而可以举一反三,自主分析烙4张饼、5张饼等的最快用时方法(见表3-53),实现数学思维的有效培养和转化。

表3-53　最快用时方法

烙饼张数	烙饼的方法	烙饼时间/分
2	2张同时烙	6
3	3张交叉烙	9
4	2张2张地烙	12
5	先烙熟3张,再烙熟2张	15
6	2张2张地烙	18
7	先烙熟3张,再2张2张地烙	21

3.评价量表

评价量表见表3-54。

表 3-54　评价量表

算法理解	算法实践	效率比较	复杂度评估	准确性判断	创新思考	团队合作	总结与反思	等级
能够准确理解并描述多种烙饼排序算法的原理	能够独立实现多种烙饼排序算法，操作熟练	能够准确分析并比较不同烙饼排序算法的效率	能够准确评估不同烙饼排序算法的复杂度	在实践过程中，烙饼排序结果的准确性高，错误率低	能够提出新颖的烙饼排序算法或改进现有算法	积极参与小组活动，与同伴合作默契	能够准确总结烙饼排序算法探究与实践的过程，并提出改进建议	优秀
对部分烙饼排序算法有较好的理解，但表述不够完整	能够实现一至两种烙饼排序算法，操作较流畅	能够比较部分烙饼排序算法的效率，但分析不够深入	对部分烙饼排序算法的复杂度有基本了解	在实践过程中，烙饼排序结果基本准确，偶有误差	在算法实践中有一些创新尝试	参与小组活动，与同伴合作基本顺畅	对烙饼排序算法探究与实践的过程有基本总结，但不够深入	良好
对烙饼排序算法有基本了解，但理解不够深入	尝试进行烙饼排序算法实践，但操作不够熟练	对烙饼排序算法的效率有基本了解，但比较不够准确	对烙饼排序算法的复杂度有所了解，但评估不够准确	在实践过程中，烙饼排序结果存在较多误差	在算法实践中基本遵循常规，缺乏创新	较少参与小组活动中，与同伴合作存在障碍	对烙饼排序算法探究与实践的过程总结不够全面	一般
对烙饼排序算法理解模糊，难以准确描述	难以进行烙饼排序算法实践，缺乏操作经验	难以比较烙饼排序算法的效率，缺乏分析能力	难以评估烙饼排序算法的复杂度，缺乏相关知识	在实践过程中，烙饼排序结果不准确，错误频出	在算法实践中难以提出新的想法或改进	在小组活动中难以与同伴合作，缺乏团队精神	难以总结烙饼排序算法探究与实践的过程，缺乏反思	待提高

此评价量表适用于小学四年级学生在烙饼排序算法探究与实践活动中的表现评估。教师可根据学生在各个维度上的具体表现，给予相应的评价等级，并为学生提供有针对性的反馈和建议，以促进学生在算法学习和实践方面的进一步发展。

任务三：烙饼美食创意与制作

1. 活动 1：烙饼美食设计与制作

（1）要求：学生设计自己的烙饼创意食谱，包括形状、配料和装饰。他们需要运用几何概念和比例关系来确定烙饼的尺寸和形状，以及计算食材的用量。通过实际制作和品尝，学生体验美食创意的乐趣，并分享自己的设计思路和制作过程。

(2)评价量表。

评价量表见表3-55。

表3-55 评价量表

评价维度	评价标准	得分
创意性	烙饼食谱设计独特,形状、配料和装饰有新意	
几何概念应用	正确运用几何概念和比例关系确定烙饼尺寸和形状	
食材用量计算	食材用量计算准确,符合食谱要求	
制作技能	制作过程熟练,烙饼成形美观	
口感体验	烙饼口感良好,受到同学或老师的好评	
分享与表达	能清晰分享设计思路和制作过程,表达流畅	

注意:得分栏可以根据学生的具体表现进行评分,如使用五级评分制(优秀=5,良好=4,中等=3,一般=2,待提高=1)。评价量表旨在鼓励学生积极参与活动,发挥创意和合作精神,同时帮助他们认识自己的优点和不足,进一步提升数学思维和综合能力。

2.活动2:烙饼问题解决方案分享会

(1)要求:学生分享他们在"烙饼问题"探索中的解决方案,并进行讨论和交流。他们可以展示自己设计的算法、模型和创意作品,并向同学解释其原理和思路。通过分享会,学生相互启发和学习,进一步提升数学思维和团队合作能力。

(2)评价量表

评价量表见表3-56。

表3-56 评价量表

评价维度	评价标准	得分
解决方案创新性	"烙饼问题"解决方案具有创新性,不同于常规方法	
算法或模型应用	准确运用算法或模型解决"烙饼问题",逻辑清晰	
展示能力	能清晰展示解决方案,解释原理和思路	
互动与交流	积极参与讨论,与同学互动,分享经验	
团队合作	在小组活动中积极合作,共同完成任务	
反思与改进	分享会后能反思自己的表现,提出改进意见	

注意:得分栏可以根据学生的具体表现进行评分,如使用五级评分制(优秀=5,良好=4,中等=3,一般=2,待提高=1)。评价量表旨在鼓励学生积极参与活动,发挥创意和合作精神,同时帮助他们认识自己的优点和不足,进一步提升数学思维和综合能力。

三、回顾反思,总结提升

师:这节课,同学们一定有不少收获吧!谈谈你们的感受吧!

师小结:你们说得很好,今后我们不管做什么事,都要开动脑筋,合理安排,以节省时间。有时候我们还要打破常规思维,只有这样,我们才能有所发现,有所创新。

反思:我们可以深刻体会到对学生进行思维性引导和教育的重要性。我们要教会学生的不仅仅是一道题目的解决方法,而是使学生逐渐具备能够自主思考和解决一类问题的能力。

(本案例由尹来刚、程红霞设计)

第四节 基于现实生活问题的STEM教育案例

STEM教育教学中,教师要鼓励学生将各学科知识应用于解决生活中实际遇到的问题,如计算购物时的打折、设计一个小型花园、构建一个稳定的书架等。这样,不仅可以帮助学生将理论知识运用到实际生活中,增强他们的实践技能,还能激发他们探索科学和终身学习的热情。

案例一

给花盆托加个垫

项目解析

一、问题提出

花盆浇过水之后,花盆托里会有一些渗出的水和泥,影响整盆花的整体美观。这是一个生活中的实际问题,许多学生见过真实的现象并产生困惑,把解决这一生活中的难题作为本项目的问题。

这是一个看得见的问题,平时学生或多或少地思考过解决办法,最简单的解决办法就是经常清理。他们平时的思考大多停留在生活经验上。把这个问题作为项目问题,就是要求学生从科学的视角,应用新技术,或者设计新产品,以技术创新来解决问题,从而提高学生的科学素养。

二、适用学生及分析

适用学生:小学四五年级具有一定3D打印基础的学生。

学生分析:随着3D打印课程在小学的深入开展,越来越多的学生掌握了3D打印技术。他们通过3D建模软件创作作品,用3D打印机直接打印出产品。同时,四五年级学生的科学知识有了一定的积累,科学素养得到一定的发展和提高,特别是他们的创造性思维处于高水平发展阶段,愿意挑战困难,用自己的知识技能和创新方案解决困难。

⭐ 学习目标

一、总目标

通过 STEM 项目活动，融合相关科学、数学、技术、工程等方面的知识和技能，培养学生工程设计能力和实践能力，并进一步培养学生以创造性思维为主的科学素养。

二、项目目标

科学：利用"水的毛细现象"等科学原理解决生活中的问题。
数学：利用计算、测量等数学基本技能辅助技术应用和工程设计实施。
技术：能熟练运用 3D 打印技术制作打印产品。
工程：在现有装备条件下，通过优化工艺程序或者改进产品性能，设计科学合理的解决方案。

三、学习重难点

整合科学、数学、技术相关知识和技能进行工程设计，针对"花盆托有水和泥影响美观"的问题设计可行的解决方案。

⭐ 教学准备

一、分组

学生分小组进行活动，5人一组，每一组中至少有一名学生会使用 3D 打印技术。小组角色分工：① 项目负责人，主要负责组织和领导本小组有序开展活动，协调小组成员分工，调试工程进度，与其他小组和辅导教师互动，进行成果汇报。② "科学家"，进行科学原理的解释与应用，为项目提供原理验证。③ "数学家"，进行计算、测量、记录等操作，为项目提供数学支持。④ "设计师"，利用 3D 打印技术，制作建模，打印作品。⑤ "工程师"，负责项目方案的设计、实施和优化。

二、材料准备

电脑、3D 打印机及耗材、一盆花（带花盆托）、3D 作品修整工具。

⭐ 课时安排

4～6课时，分三个环节，每个环节一两个课时。第一个环节，工程设计；第二个环节，产品制作；第三个环节，作品优化。

⭐ 项目实施

一、分析问题，设计方案

(一) 提出问题

师：请各小组观察桌上的盆栽花，先从整体上看，再重点观察一下花盆托，

发现了什么？有何感想？（学生会发现整体上看花很美，但花盆托里残留的水和泥影响了整体美观）

教师提出问题：浇完花后，花盆托里有许多水和泥，很影响整盆花的美观。今天，我们的任务就是解决花盆托里有水和泥影响美观的问题。（PPT 出示）

（二）头脑风暴

师：影响整盆花美观的主要因素是什么？（学生：花盆托里有水和泥）我们有什么解决问题的办法？大家可以观察实物，搜集资料，小组内进行研究。（教师特别强调，是解决影响整盆花美观的办法，不是解决花盆里有水和泥的办法）

请每个小组把想到的办法梳理一下，并整理和记录下来。看哪个小组想到的办法多。（学生分小组讨论和解决问题）

（三）梳理交流

学生分小组汇报解决办法。大家一起交流讨论。通过交流明确：花盆底的洞不能堵上，普通花浇过水后得沥干，花盆托的作用就是接沥出来的水和顺水带出来的泥，后期这些水还会被花慢慢地吸收。既然不能堵上花盆上的洞，那解决的方向就是美化花盆托，把这些影响美观的水和泥隐藏起来，同时处理好花盆托中的水怎样返回盆中的问题。

经过讨论和交流，解决问题的思路清晰了：利用 3D 打印技术，隐藏花盆托中的水和泥，美化整盆花；利用"水的毛细现象"，借助海绵等多孔材料，让水重新返回盆中。（利用发散性思维和聚合性思维两种方式，学生的思路清晰了，找到了解决问题的方向）

（四）设计方案

学生分小组设计解决方案。小组内讨论，整理出一个或者更多个方案，把方案用"图加文字"的形式描述下来。每个小组给自己组的花盆设计解决方案，需要有具体的尺寸，方案越详细越好。

各小组成员要发挥各自的特长，积极参与到方案的制定当中。

（五）讨论修改

各小组汇报方案，其他小组成员可以就方案中的问题提出疑问，本小组成员针对疑问进行解答。教师要适时点拨。

预设以下几个方案：

(1) 用 3D 打印机给花盆托打印一个垫。

(2) 用 3D 打印机打印一个环形的盖，罩在花盆托上。

(3) 用 3D 打印机打印一个双层花盆托。

学生经过讨论和交流后,对方案进一步优化。

第一阶段工程设计完成,课下各小组准备相应的材料,为下一阶段的产品制作做好准备。

二、制作模型,打印产品

(一)回顾梳理

每个小组根据花盆托的特点和具体尺寸,再整理一下设计方案。

(二)工程实施

(1)用3D建模软件制作。小组成员要发挥团队优势,分工协作。"数学家"注意模型尺寸的核对,"科学家"注意实现"吸水"的功能,"工程师"注意设计的形状、功能、比例等方面合理设计,"设计师"要能够按方案要求熟练地进行3D制作,项目负责人要做好组织、参与、协调等工作。

(2)建模完毕,再仔细核对、修改。(教师要对每个小组的作品给予充分指导,特别是结构方面,对不合理的结构提出修改意见,避免后期测试时出现不够坚固、不能支撑起花盆等问题)

(3)把修改好的模型用3D打印机打印出来。(打印需要的时间很长,如果课上打印不完,课下可以继续打印)

(三)产品调试

模型一打印出来,就可以进行调试。去除支撑材料,对产品进行修饰。把产品放到花盆托里试一试,看大小、高低、颜色等与花盆托的搭配情况。

三、产品优化,成果发布

(一)产品展示

请各小组将自己的产品安装好,大家一起欣赏一下,从外观上感受一下效果。

(二)效果评价

由各小组项目负责人和教师成立评价组对各小组成果进行测评。首先评外观,是不是起到美化作用;然后进行实际浇水测试,查看一下效果。每位评委给成果打分,大家一起讨论,提出修改意见。

(三)产品优化

各小组根据评价组的意见对产品进行优化。

(四)成果发布

各小组做一个简单的海报,在学校宣传栏进行成果发布。(产品优化和海报制作可合理分工,同时进行)

⭐ 项目评价

一、整体评价

"给花盆托加个垫"项目活动，以现实生活难题为切入点，由问题入手，经过小组分工协作完成项目任务。学生在做中学、做中思，通过 STEM 项目活动，培养以科学精神为主的核心素养。

其间也暴露出一系列问题，如学生的知识储备少、科学技术水平不高、工程设计难度大等，这些问题影响课程的开展深度和质量。但从进阶理念上理解，项目活动进行到这个水平是和这一年龄阶段学生的特点相适应的。

在项目实施过程中，学生的工程设计意识、团结协作意识得到加强，各种能力得到提升，学生的综合素养进一步提高。同时，项目还得到一个可以广泛应用到实际中的产品。

二、评价量规

"给花盆托加个垫"评价量规见表 3-57。

表 3-57 "给花盆托加个垫"评价量规

设计方案	功能设计	小组合作	展示交流	等级
设计方案科学合理，详细可行，材料选择合理	结构稳固，外观精美，能起到隔离水和泥又能支撑花盆的作用	分工明确，协作高效	呈现作品精美，能详细说明制作过程及原理，表达能力强	A
有简单的设计方案，较合理完整	外观较精美，结构比较稳固	有基本的分工，协作效率不高	呈现作品，并进行汇报，表述较完整，表达能力较强	B
设计方案不够完整、详细	没有实现隔离水和泥的功能，工艺差	无分工协作，由少数组员完成任务	没有作品呈现，表述不完整，表达能力差	C

注意：A 代表"优秀"，B 代表"良好"，C 代表"一般"。

（本案例由孟庆福设计）

》》 案例二

"回家的路"地图绘制

⭐ **课程背景与目标**

本案例依托山东教育出版社义务教育教科书（五四学制）二年级上册美术课本中《回家的路》进行设计。本节课内容涉及科学、技术、工程、数学、语文等多领域学科知识，融合性强，要求学生运用工程的思想、科学的探究方法，结合已有的学科知识和生活经验组织学习材料，开展多角度多层次的科学思考，绘制从学校到家的地图，并逐步拓展到城市旅游图和名胜古迹游览图。这不仅可以帮助学生更好地认识和理解自己生活的环境，还能培养他们的空间思维能力、创新精神和跨学科综合素养,培养其解决问题、团结协作和综合实践的能力。

"回家的路"地图绘制这一既富有趣味性又充满挑战性的任务,能够激发学生对科学、技术、工程、数学等领域的学习兴趣。在绘制过程中,学生仔细观察并记录周围环境,学会在地图上画出有标志性的建筑、景或物。这不仅有助于培养学生的空间感知能力和方向感,还能让他们在实践中运用跨学科的综合素养解决实际问题。此外,绘制"回家的路"地图,能够增进学生对家乡的情感连接和认同感,使他们更加热爱自己的城市和文化。拓展环节注重培养学生的实践能力和创新精神,鼓励学生将理论知识与实际应用相结合,发挥想象力和创造力,设计出具有个性和特色的城市旅游图和名胜古迹游览图等地图作品,为他们的全面发展打下坚实的基础。

★ 课程领域

这个案例的课程领域主要属于STEM教育中的技术和数学领域,同时也涉及科学和工程的元素。

一、技术领域

课程主要围绕"回家的路"地图设计与绘制展开,让学生了解并掌握各种绘图工具的使用,如铅笔、彩色笔、尺子、圆规等,来绘制精确的地图。学生通过实践操作,培养动手实践能力。

二、数学领域

"回家的路"地图绘制中学生将学习比例尺的概念,理解地图上的距离与实际距离之间的比例关系,并学会使用比例尺来计算实际距离。在绘制地图时,学生需要掌握基本的几何形状和测量方法,如直线、曲线、角度及其测量方法等。

学生在设计与制作地图时,要选择合理的方法进行测量与估算,通过运用方位表述及逻辑运算等数学知识,提升数学素养。

三、科学领域

在绘制地图之前,学生需要仔细观察周围环境,记录自然和人文特征,这有助于培养观察力和记录习惯。学生将学习如何使用指南针来确定方向,了解并识别不同的地形地貌在地图上的表示方法。

四、工程领域

在课程中,学生将学习完整的工程设计过程,包括提出问题、设计方案、选择解决方案、测试解决方案、制作项目、评价数据和演示结果。

综上所述,这个案例的课程领域涵盖了STEM教育的多个方面,学生通过实践操作和跨学科学习,旨在培养综合素养和创新精神。

⭐ 适用年级

本案例建议面向二三年级的学生。这个阶段的学生能够用简单的描述性语言或纸笔表现自己家的相对位置,对方位、度量、计算等知识都有了简单的基础,可以进行地图的绘制,能够使用相对简单的条理性语言介绍自己回家的路。该年龄段的学生乐于交流,喜欢交朋友,同时具有强烈的动手操作意愿,善于表达与展示。

⭐ 时间安排

该课程的学习时间建议为60分钟。这样可以确保学生有足够的时间进行完整的工程设计,并能更好地进行地图绘制环节的创作。在安排课程时,教师可以考虑到学生的实际情况和学习进度,适当调整课时长度和内容深度,以确保教学效果和学生获得良好的学习体验。

⭐ 课程任务

本案例通过学生每天上学、放学回家的路这个发生在身边的真实情景,引导学生在"做中学",通过"回家的路"地图绘制,来学习地图绘制的工程技术类知识,以及已有的数学类如比例尺、单位换算、方向表达等知识的综合运用来解决实际问题。教师通过预先制作的样图呈现问题,启发学生进行地图绘制,引导学生进行小组讨论,让他们猜想并尝试总结出绘制地图的策略及方法,在猜想假设中明确问题要求,思考如何将问题分解并解决,并通过多种方式进行信息的收集,如通过访谈获取信息、通过搜索获得信息等。最终通过各个小组的作品展示,以及其他同学的评价和建议,共同提升创新思维和实践能力。

⭐ 教学重点

能够绘制出从学校到家的路线图,并能画出路上有标志性的建筑、景或物。

⭐ 教学难点

引导学生清晰地口述出从家到学校的路线图及沿途标志物,并能清晰地辨认方向。

⭐ 教学方法

(1)情景创设法。本案例通过学生每天上学、放学回家要走的路这个真实问题,引导学生在"做中学",通过解决"回家的路"地图绘制,来学习地图绘制的工程技术类知识。

(2)讲解法。详细讲解地图的构成及其绘制方法,为学生后续的实践操作提供理论基础。

(3)基于项目的学习法。在实践操作环节,学生分小组进行项目设计,并根据教师的知识讲解和提供的工具进行基于项目的学习,综合运用所学知识,发挥想象力和创造力,解决问题。

★ 材料准备

城市旅游图、名胜游览图、多媒体课件、一幅回家的路线图、画纸、彩笔等。

★ 教学过程

一、提出问题——基于真实生活问题的解决引出课题(5分钟)

师:在我们生活的城市中有许多条道路,每条道路都有不同的名字,你们知道我们学校大门外的道路是什么路吗?我们从自己家来到学校,你们知道途中都经过了哪些道路吗?你们又是怎么记住这些道路的呢?你们能把回家的路绘画并描述出来告诉你们的同学,邀请他们到你们家做客吗?

引出课题:"回家的路"地图绘制。

该环节的评价量表见表3-58。

表3-58 评价量表(一)

参与度	等级
不合作,不尊重他人	D
尊重他人,倾听他人的发言	C
积极参与讨论,提出问题	B
积极参与讨论,尊重他人,提出有价值的问题	A

注意:A代表"优秀",B代表"良好",C代表"一般",D代表"较差"。

二、猜想假设与知识讲解——根据样图猜想绘制地图的流程(10分钟)

教师根据提前准备好的样图,请学生观察并猜想在制作过程中都用到了什么工具与材料,教师补充和总结工具选择与资料收集的方法。

教师讲解地图绘制的过程,包括确定比例尺、勾勒地图轮廓、填充细节、清晰标注等。

该环节的评价量表见表3-59。

表3-59 评价量表(二)

工具与材料准备	绘制过程理解	等级
无工具材料	不理解地图绘制过程	D
工具材料较少,只有一两种	基本理解地图绘制过程,知道比例尺确定、地图轮廓勾勒等基本概念	C

续表

工具与材料准备	绘制过程理解	等级
工具材料比较齐全,只缺少一两种	理解地图绘制过程,明白标注的选择与部分细节的填充	B
工具材料齐全,无短缺	对于地图绘制过程中的比例尺确定、轮廓勾勒、标注和细节填充有自己的见解	A

注意:A 代表"优秀",B 代表"良好",C 代表"一般",D 代表"较差"。

三、实践操作:小组合作探究,明确分工并收集信息(30 分钟)

教师通过分析地图样板,提出问题,层层引导,让学生了解绘制地图的方法、步骤,或邀请地图绘制员进课堂,为学生讲解相关知识并回答问题。学生在提问或调查过程中收集有效信息。

(一)尝试画出草图,并进行完善

教师对学生进行分组,明确每位组员的任务,引导其进行头脑风暴,构思初始设计方案,并记录在任务单 1 中,见表 3-60,同时列出需要使用的材料和数据。

表 3-60　设计"回家的路"地图绘制任务单 1

班级:_____　姓名:_____　日期:_____

"回家的路"地图绘制任务单 1

小组名称与成员:

初始计划:

1. 材料与数据(列出你可能需要用到的材料以及沿途标志物)
   _____
   _____

2. 过程(解释你是如何绘制地图的,并以学校大门口为起点,用语言描述回家的路)
   _____
   _____

3. 具体分工(小组成员的基本分工,如标志物的收集、材料的准备、邀请函的制作、地图的绘制与比例计算、展示语言的组织等)
   _____
   _____

4. 计划起作用了吗?
   A. 是的,我们组最终采用了此计划　　B. 没有,我们还需要再做尝试

(二)测试并改进方案

小组根据草图绘制地图,在绘制完成后进行测试,并记录测试过程中发现的问题。测试失败的小组重新设计方案,并将改进后的方案记录在任务单 2 上,

见表3-61。

表3-61 设计"回家的路"地图绘制任务单2

```
班级：_____  姓名：_____  日期：_____
             "回家的路"地图绘制任务单2
小组名称与成员：_____
                    改进计划
1. 材料与数据（列出你可能需要用到的材料以及沿途标志物）
   _____
   _____
   _____

2. 过程（解释你是如何绘制地图的，并以学校大门口为起点，用语言描述回家的路）
   _____
   _____

3. 具体分工（小组成员的基本分工，如标志物的收集、材料的准备、邀请函的制作、地图的绘制与比例计算、展示语言的组织等）
   _____
   _____
   _____

4. 计划起作用了吗？
   A. 是的，我们组最终采用了此计划     B. 没有，我们还需要再做尝试
```

（三）学生根据任务单，动手制作

学生根据收集到的信息和改进后的方案，在A3纸上绘制地图。

作业要求：

（1）地图以学校为中心，绘制出前往各人家的路线，画出主要标志性建筑和路口的景物，内容丰富。

（2）邀请函格式正确，内容完整，路线描述清楚。

该环节的评价量表见表3-62。

表3-62 评价量表（三）

收集信息	团队协作	等级
不参与	不合作，不尊重他人	D
使用资源收集信息	有少量共享，尊重、倾听他人发言	C
使用合适的资源收集信息	积极参加讨论，尊重他人	B
和他人进行良好合作，提出建议及合理性解释，正确使用合适的资源收集信息	和他人进行良好合作，积极参与讨论，尊重他人，鼓励他人	A

注意：A代表"优秀"，B代表"良好"，C代表"一般"，D代表"较差"。

四、交流展示(10分钟)

每个小组选出一名宣讲员展示本小组的作品,介绍地图制作的过程、中途遇到的困难及解决方法。最后清晰描述出从学校到家的路线图,并展示小组的邀请函。

该环节的评价量表见表3-63。

表3-63 评价量表(四)

成品质量	等级
地图轮廓不完整,标注不清晰,无路标,不能根据地图回家	D
地图轮廓基本完整,标注不清晰,路标选择较少,不能根据地图回家	C
地图轮廓完整,有标注,选择路标合适,基本能够按照地图所示找到回家的路	B
地图轮廓完整,标注清晰、准确,选择路标合适,能够清晰地找到回家的路	A

注意:A代表"优秀",B代表"良好",C代表"一般",D代表"较差"。

五、总结与反思(5分钟)

教师总结本节课的学习内容,强调地图绘制的过程,引导学生反思学习过程,分享自己的学习收获和体会。

布置课后作业:尝试绘制名胜古迹游览图,并分享给家人或朋友。

通过以上教学过程,学生可以绘制出既准确又美观的地图作品,同时提升了地理知识、实践能力和创新思维。课后感兴趣的学生还可以根据上述方法继续探究,制作出名胜古迹游览图、城市旅游图等更加复杂实用的作品。

(本案例由徐伟敬设计)

第五节 基于实践活动的STEM教育案例

因地制宜,因校制宜,设计基于项目学习的STEM教育实践活动。学校借助基于项目的学习活动的开展,培养学生的项目管理意识和综合运用多学科知识解决问题的综合素质。

》》案例

基于寒暑假动手实践创新亲子活动的STEM教育课例

每年的寒暑假都是学生居家与父母生活时间较长的阶段。学校为了丰富学生的假期生活,除了寒暑假生活作业外,还对体育锻炼、社会实践活动、习惯养成、志愿服务等进行了安排。近年来,东营市海河小学充分利用寒暑假时间,基于科学、生活、创新、实际,精心制定《寒暑假动手实践创新亲子活动方案》,根据不同年级,提出驱动性问题,制定评价标准,安排学生利用假期以家庭成员为小组共同参与完成小制作、小发明,并进行个性化的专项研究。目的在于鼓励学生在驱动性问题指引下,积极并持续地对研究项目进行关注,借助项目实施培养学生的项目意识和解决现实生活复杂问题的能力。寒暑假过后,全校按年级把学生的小制作、小发明统一放在学校体育馆展评,评出一、二、三等奖,形成浓厚的科技制作氛围,其中渗透 STEM 素养的培养,形成家校共育的合力。下面是东营市海河小学寒假基于项目学习的 STEM 教育动手实践创新亲子活动课程方案。

东营市海河小学
2021 年寒假动手实践创新亲子(STEM 教育项目式学习)活动方案

针对目前新冠感染疫情防控的严峻形势,为使学生居家度过一个有意义的寒假,根据省教育厅"尽量多地安排体验式、实践性的假期作业"的要求,为培养学生动手实践能力和创新能力,提高学生综合运用多学科知识解决问题的能力,积极开展基于项目的学习(PBL),学校对 2021 年寒假实践活动进行了规划安排。希望学生们根据活动方案,合理安排时间开展活动,注重活动过程的科学性和活动成果的创造性。

一、2021 年寒假动手实践创新项目清单

2021 年寒假动手实践创新项目清单见表 3-64。

表 3-64 2021 年寒假动手实践创新项目清单

年级	项目名称	备注
一年级	设计制作:风力小车、纸飞机(二选一)	不同式样,不同材质
二年级	设计制作:鸟巢、弹弓(二选一)	各式各样
三年级	设计制作:跑马灯(灯笼)、风筝(二选一)	各种材质、款式
四年级	设计制作:空气炮、桥梁模型(二选一)	不同式样,不同材质
五年级	设计制作:小台灯(干电池的)、水质净化装置(二选一)	散件组装或废物利用
说明	1. 家长和学生也可根据家庭实际选择其他学生感兴趣、具有挑战性的有价值、有意义、有助于培养学生创新精神、科学素养、动手实践能力和综合素质的小发明、小制作项目。 2. 活动过程力求科学、规范、有序,树立过程比结果更重要的观念;活动成果力求创新,可以从设计、材质、功能、外观等方面进行创新	

二、活动目的、要求及注意事项

(1)借助项目的设计制作,培养学生的创新能力、沟通能力、合作意识和批

判性思维;提高学生综合运用科学、技术、工程和数学等跨学科知识解决实际问题的能力,培养学生的科学素养、技术素养、工程素养和数学素养,即 STEM 素养。家长可借助网络了解一下什么是 STEM 教育理念,并将这种理念告诉孩子。

(2)家长和孩子共同选定要制作的项目后,家长可以创设一个基于项目的学习的真实情境,比如:小明的家和学校之间有一条小河,为了方便小明上学,需要在小河上建设一座桥梁,请小明和爸爸妈妈一起设计这座桥梁。首先要借助有关书籍、网络资料的学习进行头脑风暴,加深对有关知识的理解和掌握,为制作有价值的作品提供理论支撑和知识铺垫,同时制订项目实施计划。

(3)家庭成员要共同参与,选择孩子感兴趣、具有一定挑战性的制作项目。家长是参与者、指导者、协作者;家长要和孩子一起分工协作,制订计划,共同完成选定的项目作品的制作;家长要和孩子共同选择制作模型需要的工具(木工工具、钳工工具、电工工具等)和作品的材质、式样等;家长要更多地发挥孩子的主观能动性,积极引导孩子去探索、去创新、去动手实践,充分发挥孩子的想象力和创造力。

(4)引导学生借助项目实施进行深层次学习;注重培养学生综合运用多学科知识创造性地解决现实问题和生活问题的能力;要让学生借助项目的实施真动脑、真探究、真动手、真实践、真有收获、真有收益;提倡自主探究、协作探索,积极培养学生的创新精神和科学精神;要注重项目的计划性、有序性和实施的过程性,坚持"做中学"。

(5)高度重视活动过程,要注意保存学生有价值的制作过程图片或者视频资料;学生作品可以在班级群里晒一晒,以便学生们相互学习借鉴,共同提高进步。

(6)活动任务单要书写认真,字迹清晰;由于活动时间较长,学生每天可附页撰写《项目设计日记》。

(7)为达到更好的外观效果和审美视觉,学生可以利用画笔对最后的作品进行着色。

(8)作品上必须清晰标明班级和姓名。新学期开学第一天,将作品和《东营市海河小学寒假动手实践创新活动任务单》以班级为单位送到学校体育馆进行展评,按年级摆放。学校将组织评选,颁发证书,并推荐参加市级和省级的科技制作发明评选和假期优秀作业评选。同时,对表现好的班级和班主任教师进行表彰奖励。

(9)确保安全。家长要对学生在作品或模型制作过程中的安全负责,确保学生正确安全地使用各种工具,切实提高学生的安全意识,保障学生安全。

三、东营市海河小学 2021 年寒假动手实践创新亲子活动任务单

东营市海河小学 2021 年寒假动手实践创新亲子活动任务单见表 3-65。

表 3-65 东营市海河小学 2021 年寒假动手实践创新亲子活动任务单

学生姓名：_____   年级：_____   班级：_____

项目名称	
需要的材料清单	
需要的工具清单	
从制订计划到完成制作需要的时长	按 40 分钟／课时，共需要　　课时
用到的各学科知识 科学知识：_____ 技术知识：_____ 工程知识：_____ 数学知识：_____ 其他知识：_____	
制作项目的设计图纸（可单独附页）	
项目作品制作步骤（可单独附页） 1._____ 2._____ 3._____ 4._____ 5._____ 6._____	
写出需要改进的地方 1._____ 2._____ 3._____	
写出自己哪些方面的能力得到了锻炼和培养 1._____ 2._____ 3._____	
写出在活动过程中的安全注意事项 _____ _____	

四、东营市海河小学2021年寒假动手实践创新亲子活动评价标准

东营市海河小学2021年寒假动手实践创新亲子活动评价标准见表3-66。

表3-66 东营市海河小学2021年寒假动手实践创新亲子活动评价标准

年级：_____ 班级：_____ 姓名：_____ 项目名称：_____

家长、学生自我评价标准（家长与学生共同完成）			
评价要素	评价等级		
	优秀	良好	一般
活动任务单：书写认真，无漏项缺项，内容翔实，科学规范			
项目设计日记：有项目设计日记，且规范认真			
活动过程：态度端正，参与意识、沟通意识、探究意识、协作意识强，动手实践和设计能力强			
活动成果：作品材质选择科学，尺寸大小合适，各部分比例协调，制作精致牢固，造型美观大方			
创新性：作品独创性强，设计新颖独特，科技含量高			
综合评价	优秀（ ）	良好（ ）	一般（ ）
学校教师用评价标准			
评价要素	评价等级		
	优秀	良好	一般
活动任务单：书写认真，无漏项缺项，内容翔实，科学规范			
项目设计日记：有项目设计日记，且规范认真			
方案设计图纸是否清晰、规范、科学			
作品制作步骤是否科学、合理、齐全			
材料的选择是否科学、坚固、节能			
作品造型设计是否科学、美观、新颖			
作品的创新性是否突出、特色鲜明			
学校评价小组综合评价	优秀（ ）	良好（ ）	一般（ ）
是否推荐参加省市科技制作和假期作业评选	是（ ）	否（ ）	

（本案例由李百军设计）

第六节 基于跨学科主题学习的典型案例

跨学科主题学习作为一种常规教学活动在《义务教育课程方案和课程标准（2022年版）》中给予了明确规定。新课程方案和标准发布以来，许多省、市教

育科研部门先后组织开展了跨学科主题学习案例征集评选活动。下面是小学学科教师设计的几个典型的跨学科主题学习案例。因在跨学科主题学习案例征集过程中,不同的通知有不同的要求,因此在此并没有统一格式。前两个案例以单元设计为主,第三个案例以跨学科主题学习为主。

案例一

跨学科主题学习教学设计

本案例系 2023 年山东省跨学科主题学习典型案例征集入选的优秀案例,是以小学科学为主干的跨学科主题学习案例。案例以青岛版《科学》小学四年级下册(五四学制)第一单元《光》为教学内容,以"制作管道用潜望镜"项目任务为统领,通过"探究+项目"式教学模式进行"光"概念主题学习,分 5 个课时实施,涉及科学、数学、信息、科技等多个学科。学习成果不仅有对概念的理解,还有对原理应用的物化成果。

一、单元教学设计

单元教学设计见表 3-67。

表 3-67 单元教学设计

单元基本信息					
学科类别	小学科学	实施年级	四年级	设计者	孟庆福 吴珊珊 徐菲菲 王翠萍 牛沙沙 宋翠云 薛永梅
使用教材版本		青岛版小学科学四年级下册(五四学制)			
单元主题名称		光			
单元课时		5 课时			
单元教学设计说明					

本单元教学设计以《义务教育科学课程标准(2022 年版)》为基本依据,以大单元、大概念理论为指导,围绕核心概念组织编排学习内容,以大项目"制作管道用潜望镜"为统领,融入数学、工程技术、信息科技等学科,以探究式、项目化教学为主要形式,以学业质量标准为基本要求,学习"光"的概念及原理,培育学生的核心素养。
  一、教材说明
  本单元教学设计依据的教学内容是青岛版《科学》小学四年级下册第一单元《光》主题,共有《认识光》《光的反射》《潜望镜的秘密》《彩虹的秘密》4 课,完成对光源、光的传播、光的反射、光的色散的概念学习和原理应用。教材依据的是《义务教育小学科学课程标准(2017 年版)》,与《义务教育科学课程标准(2022 年版)》的要求有一些不同,我们依据新的课程标准对教学内容做了调整:只学习"光源、光的传播、光的反射"部分,"光的色散"部分放到更高年级"光的折射"中学习。					

续表

二、课标要求
本单元落实的课标点有"3.3声音与光的传播"中与光相关的部分内容;"12.1技术与工程创造了人造物,技术的核心是发明,工程的核心是建造"中的"拆装简单产品,了解产品的构造和特点";"12.2技术与工程改变人们的生产和生活"中"尝试设计和制作某种产品的简化实物模型,并反映其中的部分科学原理";"12.3科学、技术、工程相互影响与促进"中"尝试应用科学原理设计并制作简易装置";还涉及跨学科概念"结构与功能"。
三、设计思路
本单元教学设计体现大单元、大概念理念,整体设计,整体实施,从"用光学原理解决问题"的视角统整学习内容,以"探究+项目"的形式组织实施教学,探究科学原理,解决真实问题,通过数学学科的测量、绘制,信息科技的3D打印技术建模打印,得到物化成果,落实课标点的学习,完成学业质量要求。 本单元的学习以项目为统领,通过"探究+项目"方式进行"光"概念主题学习。首先,以"如何在管道井外看清管道内部情况"这一真实情境问题为驱动,通过分析讨论,确定可以通过潜望镜这种光学仪器实现,引出项目"制作管道用潜望镜",提出项目要求。其次,通过项目分析,聚焦以下问题:潜望镜蕴含的光学概念和原理有光源、光在空气中的直线传播、光的反射等;设计制作潜望镜需要的技术支持:设计图、工具、材料、测量、建模、3D打印等;如何实施项目,设计怎样的项目实施流程等。梳理项目需要解决的问题,制订项目实施计划。再次,通过合作探究,认识"光源",了解"光在空气中是沿直线传播";了解"光的反射"现象,知道平面镜能改变光的传播方向,推理分析"人眼是怎样看到物体的"。最后,根据项目要求和合作探究学习"光学原理",通过小组合作设计制作潜望镜,通过绘制设计图、选择制作材料和工具、测量、切割、搭建、3D打印等流程,完成"管道用潜望镜"的设计和制作,进行交流评价,完成项目任务。 这样,用一个项目把整个"光"主题单元统整起来,先通过科学探究、科学实验等方式完成对项目所依据的科学技术原理的学习,再依据科学原理进行工程设计制作,进而完成项目任务。这种教学模式是把探究式教学和项目化教学合到一起,既重视了科学探究,又重视了工程设计与实施
单元学习目标
(1)科学观念:能识别生活中的光源,知道光在空气中沿直线传播,能举例说出光的反射现象,能解释人眼看到光源和物体的原因;知道工程是运用科学和技术进行设计、解决实际问题和制造产品的活动。 (2)科学思维:能分析光的行进路线及反射现象;能根据潜望镜的结构特点和光传播特性,分析推理潜望镜的工作原理;能从不同的视角提出研究思路,完成探究、设计与制作。 (3)探究实践:能设计制作简单的光学物品,能用语言、文字、绘图等方式表述潜望镜的制作方案,能通过小组合作的形式进行管道潜望镜的设计、制作和改进。 (4)态度责任:能在好奇心的驱使下,对光现象产生浓厚的兴趣;关注光污染,树立环境保护的意识;在探究活动中采用新方法和新材料,培养学生创新精神;乐于合作,乐于分享
单元学习环境
本单元开放性学习环境包括探秘光源实验装置、管道井模拟装置、光的传播实验装置等实验设备器材,3D建模软件及打印机、黑板、多媒体设备等
单元学习任务设计

任务1	项目解读,聚焦问题(1课时) (1)通过真实情境问题"如何在管道井外看清管道内部情况"提出项目任务"制作管道用潜望镜"。

续表

任务1	(2)通过项目分析,聚焦以下问题:① 潜望镜包含光的概念和原理:光源、光在空气中的直线传播、光的反射等;② 设计制作潜望镜需要技术支持:设计图、工具、材料、测量、建模、3D打印等;③ 如何实施项目,设计怎样的项目实施流程。 (3)梳理项目需要解决的问题,制订项目实施计划。 教学环境:分小组学习,准备可拆潜望镜模型、课件等教学用品,黑板、电脑、投影仪等教学设备。 关联目标:科学思维中"能从不同的视角提出研究思路,完成探究、设计与制作"
任务2	合作探究,解决问题(2课时) (1)根据项目实施计划,通过合作探究,认识"光源"及"光在空气中是沿直线传播"这一传播特点。 (2)完成体验活动"光透过3个孔洞照射在光屏上"。 (3)通过小组合作探究,了解"光的反射"现象,知道平面镜能改变光的传播方向,推理分析"人眼是怎样看到物体的"。 (4)完成"通过平面镜看到假山后的小树""看到自己的后脑勺"等体验活动。
任务2	教学环境:分小组学习;教、学具准备:光源(手机筒、激光笔)、带孔纸屏、光屏、假山小树模型、平面镜等,黑板、电脑、投影仪等教学设备。 关联目标:科学观念中"能识别生活中的光源,能举例说出光的反射现象,能解释人眼看到光源和物体的原因";科学思维中"能分析光的行进路线及反射现象";态度责任中"能在好奇心的驱使下,对光现象产生浓厚的兴趣"
任务3	设计实施,交流评价(2课时) (1)根据项目要求和已学习的光学原理,通过小组合作设计制作潜望镜。通过绘制设计图、选择制作材料和工具、测量、切割、搭建、3D打印等流程,完成"管道用潜望镜"的设计和制作。 (2)通过模拟管道井,检测潜望镜的效果,处理检测中出现的问题,改进不足,完善作品。 (3)展示作品,交流评议,针对作品性能和项目过程,通过评价量表进行评价,提出建议。 教学环境:分小组学习;教、学具准备:光源、平面镜、工具、潜望镜制作材料、3D打印材料等,黑板、电脑、投影仪等教学设备。 关联目标:科学观念中"知道工程是运用科学和技术进行设计、解决实际问题和制造产品的活动";科学思维中"能从不同的视角提出研究思路,完成探究、设计与制作";态度责任中"培养学生创新精神"
单元作业设计	
一、知识乐园 （思维导图：萤火虫—光源—光—光的特点（沿直线传播）、光的应用（潜望镜））	

续表

二、反思空间

我的收获	我需要改进的	我想继续探究的
太阳是光源	自己制作的潜望镜	光的反射现象
① _____	① _____	① _____
② _____	② _____	② _____

三、科学殿堂

光影小故事
——设计制作一个纸杯投影仪

在黑暗的夜晚,光给我们带来许许多多的神奇体验。教室里的投影仪陪伴我们走过无数节课。那么我们能不能也来制作一个投影仪呢？请同学们利用本单元所学光的小知识,来制作一个纸杯投影仪吧。把作品带到班上展示给大家看,并把故事分享给大家。

材料:纸杯、剪刀、硬质卡纸、宽胶带、彩色油性笔、手电筒。

步骤:

(1) 选用一个结实的纸杯,剪去纸杯底部。

(2) 将纸杯侧面切开一条缝,注意不要切断。

(3) 用硬质卡纸切一个略大于纸杯直径的圆环。

(4) 将圆环放在透明胶带上,再覆盖一层透明胶带。在胶带表面用彩色油性笔绘制小故事中的角色,涂上喜欢的颜色,得到投影卡。

(5) 在纸杯底部放置手电筒,一个纸杯投影仪就做好了。

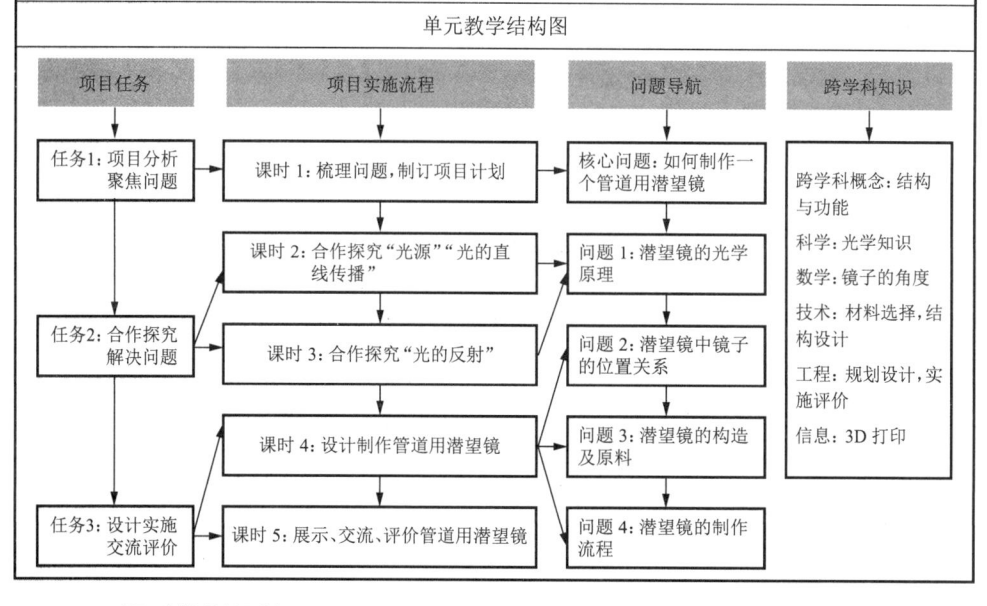

单元教学结构图

项目任务	项目实施流程	问题导航	跨学科知识
任务1:项目分析 聚焦问题	课时1:梳理问题,制订项目计划	核心问题:如何制作一个管道用潜望镜	跨学科概念:结构与功能 科学:光学知识 数学:镜子的角度 技术:材料选择,结构设计 工程:规划设计,实施评价 信息:3D打印
任务2:合作探究 解决问题	课时2:合作探究"光源""光的直线传播" 课时3:合作探究"光的反射" 课时4:设计制作管道用潜望镜	问题1:潜望镜的光学原理 问题2:潜望镜中镜子的位置关系 问题3:潜望镜的构造及原料	
任务3:设计实施 交流评价	课时5:展示、交流、评价管道用潜望镜	问题4:潜望镜的制作流程	

二、课时教学设计

课时教学设计见表3-68。

133

表 3-68　课时教学设计

第 4 课时教学设计	
课时名称	制作管道用潜望镜(任务 3)
一、教学内容分析	
本单元以项目"制作管道用潜望镜"为统领,以"解暗箱"方式了解潜望镜中隐藏的秘密——光在潜望镜里"拐了弯",明确项目任务需要解决的科学问题:"光在空气中是怎样传播的"和"我们是怎样看到物体的(光的反射)"。通过合作探究理解这些原理之后再进行设计和制作。"设计并制作一台管道用潜望镜"是本课时的教学内容,是单元整体教学的第三个任务。通过设计和制作一台管道用潜望镜,发展学生的创新能力、实践能力和合作意识。在整个项目学习过程中,学生亲历设计、制作、调试和改进的全过程,对科学观念的形成、科学思维的发展、探究实践能力的提高、态度责任的养成产生积极的作用	
二、学情分析	
从本单元的知识结构和逻辑看,学生已经学习了光在空气中传播的特点和光的反射现象,了解了潜望镜的科学原理,对本节课的学习有了知识基础;四年级的学生设计能力和实践能力有所提高,能够完成简单的工程设计与制作;对于潜望镜这个简单又具备一定科学技术的光学仪器,学生非常感兴趣,能亲手做一台潜望镜是每一名学生发自内心的需求,都想拥有这种成功体验,都非常感兴趣;学生们团队协作的意识和能力都极大增强。在这些基础上进行潜望镜的设计和制作,进行基于项目的学习,一定能够取得良好的学习效果	
三、学习目标	
科学观念:通过观察、分析潜望镜的结构,能够说出人们是怎样通过潜望镜看到物体的;能够制作简单的潜望镜或能够利用 3D 打印技术进行设计、打印潜望镜。 科学思维:懂得如何控制光通过潜望镜看到物体;能够计算制作潜望镜材料的尺寸,理清制作的程序;知道两面平面镜互相平行且与镜筒成 45° 夹角时视野最大。 探究实践:能在教师的指导下,设计方案并选择提供的工具和材料进行制作,或借助 3D 打印技术进行设计和制作;能通过作品的展示、交流、评价,进一步修改和完善作品。 态度责任:尊重科学原理,实事求是;增强团队协作意识,合理分工合作;愿意分享和交流自己的想法,能客观地欣赏、评价他人的作品,互学互鉴	
四、学习重难点	
重点: (1)能在教师的指导下,设计方案并选择提供的工具和材料进行项目制作,或借助 3D 打印技术进行设计和制作;能通过作品的展示、交流、评价,进一步修改和完善作品。 (2)尊重科学原理,实事求是;增强团队协作的意识,合理分工合作;愿意分享和交流自己的想法,能客观地欣赏、评价他人作品,互学互鉴。 难点: 懂得如何控制光通过潜望镜看到物体,知道两面平面镜互相平行且与镜筒成 45° 夹角时视野最大	

续表

第4课时教学设计		
五、学习评价设计		
评价一：过程性评价		
过程性评价量表		
评价维度	评价内容	自　评(5分、3分、1分)
团队合作	积极参与讨论,能够合理分工合作,能与同学互帮互助,共同学习	
问题解决	积极思考问题,能提出创造性解决问题的方法、方案	
语言表达	有条理地表达自己的意见,实事求是地表达自己的观点	
创新意识	具有创造性思维,能用不同的方法解决问题	
评价二：项目评价		
项目评价量表		
评价要素	评价标准	得分
设计图	详细、正确地标注光传播路线、平面镜及光源位置的设计图。(3分)能正确标注光传播路线及平面镜位置的设计图。(2分)能正确标注光传播路线及光源位置的设计图。(1分)	
功能性	视域宽大,能够清晰地看到管道井内物体。(3分)能够清晰地看到管道井内物体。(2分)不能够清晰地看到管道井内物体。(1分)	
节约性	无浪费材料现象。(3分)轻微浪费材料。(2分)严重浪费材料。(1分)	
美观性	外观整洁,细节处理恰当。(3分)外观整洁,细节处理粗糙。(2分)外观粗糙。(1分)	
小组展示	能详细地介绍自己的产品。(3分)能完整地介绍自己的产品。(2分)能简单地介绍自己的产品。(1分)	
评价三：技术性评价		
产品测试记录表		
第一次测试	(1) A. 清晰　B. 模糊　　(2) A. 整体　B. 局部	
第二次测试	(1) A. 清晰　B. 模糊　　(2) A. 整体　B. 局部	
第三次测试	(1) A. 清晰　B. 模糊　　(2) A. 整体　B. 局部	

续表

第4课时教学设计			
六、学习活动设计			
教学设计			
教学环节	教师活动	学生活动	设计意图
（一）问题驱动，引出项目	1. 情境问题 管道工人要检查地下管道的情况，由于内部可能会产生有害气体，因此管道工人不能进入管道内。地下管道有横管和竖管，从竖管口无法看到横管内的情况，怎么办呢？ 2. 分析问题 ① 横竖管互相垂直，我们从竖管口看不到横管内的情况，怎么办呢？② 光是沿直线传播的，横管内进不去光，黑漆漆的一片给观察带来困难，怎么解决？ 3. 引出项目 我们能不能做一台带灯的潜望镜帮助管道工人看清管道内部情况以完成检查工作？ 师：今天我们就做一台管道用潜望镜（板书）	学生观察管道井图片，思考问题的解决办法。 学生积极思考并回答：利用平面镜可以改变光传播的方向。小灯可以提供光亮。 学生思考（学生可能会想：做什么样的潜望镜、用什么材料等）	用情境问题把学生引入真实情境中，激发学生的学习动机，引出项目任务"做一台管道用潜望镜"。同时在情境问题中，学生对项目环境和任务要求有了初步的了解，便于设计解决方案
（二）头脑风暴，探求方案	1. 头脑风暴 做一台管道用潜望镜需要什么材料，需要什么科学技术，怎样设计？请分小组讨论，形成小组内统一意见。（教师深入小组参与讨论，根据实际情况进行点拨指导） 2. 师生互动交流 师：同学们，要想制作一台潜望镜，最主要的材料是什么？涉及哪些科学技术？ 师：镜体用什么材料？怎样固定平面镜呢？（教师引导：会3D打印的同学可以利用3D打印技术进行制作） 师：管道井内漆黑一片，打开竖井口，光线也只能照到竖井上部分空间，要看清整个井内情况，还需要什么？（学生：灯）安装在哪里？ 3. 制定方案 各小组学生根据材料和项目要求，梳理项目制作的流程，制定初步的方案	各小组在组长的组织下进行有序讨论，形成统一意见。 学生认为最主要的材料是平面镜，涉及光的传播和光的反射。 学生积极发言，提到的材料很多，固定的方法大多是用胶粘。（会3D打印的学生，可以交流3D打印的方法） 学生明确需要"光源"，要给潜望镜加装小灯，并讨论加装小灯的位置。 小组制定项目方案并进行交流	本环节的设计意图是通过头脑风暴，激发学生的创新意识和创新思维活动；通过具体的问题，引导学生明确材料、技术、设计之间的逻辑关系；通过互动交流，逐步梳理问题的解决方法，形成统一意见，制定实施方案，培养学生的工程意识

续表

	第4课时教学设计		
（三）演示实验,突破难点	1. 画光路图 管道横井的物体反射的光是怎样进入我们的眼睛的？通过几面平面镜进入我们的眼睛？ 师：请同学们画出物体反射的光通过平面镜进入眼睛的示意图，并标出小灯的位置。 师：画好后，各小组集体展示并交流。 2. 镜片摆放 两面平面镜怎样摆放才能看清物体？ 3. 演示实验 潜望镜中的两面平面镜必须相对摆放才能看清物体吗？镜片怎么摆放，有什么技巧吗？我们来看一个小实验。 教师演示实验。 4. 师生小结 平面镜要相对平行放置，这样才能保证光线射入我们的眼睛。经过人们反复研究发现，潜望镜里镜片的最佳角度是镜面与镜筒中线呈45°夹角	学生讨论交流。（通过讨论交流明确物体反射的光经过平面镜的反射进入眼睛） 以小组为单位在图上画出物体通过潜望镜进入眼睛的光路图，并标注小灯的位置。 小组展示交流。 学生交流自己的想法。 学生思考。 学生观察平面镜反射光的演示实验并印证前面的思考。 师生总结	本教学环节通过画光路图，直观地明确"物体（物体反射的光）"是怎样进入眼睛的。同时聚焦难点：平面镜怎样摆放。教师通过演示实验，直观展示光路在平面镜间改变传播方向现象，为后面潜望镜的制作扫清障碍
（四）选择材料，制作产品	1. 选择材料 教师为学生提供三组材料，各小组选择自己喜欢的材料进行制作。（选择3D打印的学生，本节课可以先完成3D建模，课后再打印作品） 2. 温馨提示 制作时需要注意些什么呢？（出示制作提示）师生梳理注意事项，为制作做好准备。 3. 开始制作 小组分工合作进行带灯潜望镜的制作，教师巡回指导	各小组根据设计方案选择材料，会3D打印的小组可以选择3D打印。 师生共同梳理注意事项。 小组分工合作，制作潜望镜	小组选择材料，分工制作潜望镜。多数学生会选择常规的制作材料，这样简单易行。教师鼓励学生选择3D打印，学习也要面向现代化
（五）调试作品，展示交流	1. 制作调试 学生边制作边调试，从性能和外观上进行完善。（3D建模小组根据项目要求进行复核） 师：老师提供管道井模型，同学们可以在模拟的环境中测试你们制作的潜望镜的性能。用你们制作的潜望镜能看清管道内的物品吗？请各小组说一说，你们看到了什么？能看清的小组说明你们的潜望镜制作是成功的。 2. 展示作品 各小组演示利用自己制作的潜望镜观看管道井模型内物体，并说出物品名称。 3. 经验交流 我们在制作过程中有没有遇到什么难题，是怎样克服的？	学生边制作边调试。（3D建模小组进行数据处理和模型制作） 学生通过管道井模型进行调试，完成潜望镜的制作。 学生分小组展示作品。	教师制作了自制教具——管道井模型，给出了管道井的具体尺寸和空间结构。学生制作的管道用潜望镜规格大小须满足模拟管道井的使用。同时，学生制作的潜望镜可以在模拟管道井

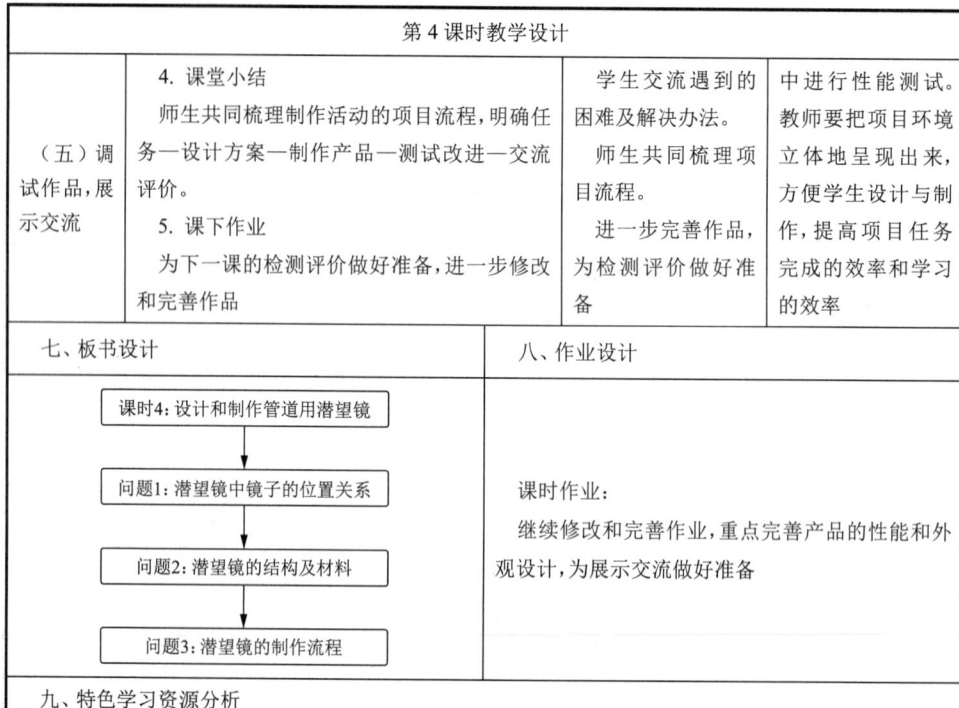

续表

第4课时教学设计			
（五）调试作品，展示交流	4. 课堂小结 　　师生共同梳理制作活动的项目流程，明确任务—设计方案—制作产品—测试改进—交流评价。 5. 课下作业 　　为下一课的检测评价做好准备，进一步修改和完善作品	学生交流遇到的困难及解决办法。 　　师生共同梳理项目流程。 　　进一步完善作品，为检测评价做好准备	中进行性能测试。教师要把项目环境立体地呈现出来，方便学生设计与制作，提高项目任务完成的效率和学习的效率

七、板书设计	八、作业设计
课时4：设计和制作管道用潜望镜 ↓ 问题1：潜望镜中镜子的位置关系 ↓ 问题2：潜望镜的结构及材料 ↓ 问题3：潜望镜的制作流程	课时作业： 继续修改和完善作业，重点完善产品的性能和外观设计，为展示交流做好准备

九、特色学习资源分析

（1）自制教具的应用，帮助突破教学难点，提高课堂教学效率。为了便于学生在具体的项目环境中完成作品制作和性能测试，教师制作了自制教具——管道井模型，给出了管道井的具体尺寸。学生制作的管道用潜望镜规格大小须满足模拟管道井的使用。同时，学生制作的潜望镜可以在模拟管道井中进行性能测试。把项目环境立体地呈现出来，方便学生设计与制作，提高项目任务完成的效率和学习的效率。

（2）引入3D打印技术，拓宽了学生创作的范围，引领学生的学习朝现代化、数字化方向发展。在进行材料和工具选择时，教师给会3D打印的学生提供了建模软件、3D打印机及耗材，让有能力的学生通过高科技手段制作出性能先进、外观精美的产品。其主要目的是引导学生通过更先进的技术、工具和材料制作出更好的作品。学习先进的科学技术，具备更高的技术水平是我们努力的方向

十、教学反思和改进

本节课的教学内容是"设计方案，初步制作潜望镜"。学生通过前面的学习，已经解决了制作潜望镜的技术问题，可以直接设计方案。选择什么材料制作产品，教师提供了两大类的材料：一是传统的牙膏盒、平面镜、热熔胶；另一类是3D建模，课下打印（打印耗时长，课上时间不足），给学生更多物化产品的方式，制作出多种类型的潜望镜。

本节课是一个开放项目活动，提倡多学科参与项目设计和物化，提倡把更多先进的技术引入项目，提倡项目成果多样化，提倡学生创造性地进行项目设计和制作，这种开放的教学是最具活力的教学。

当然，这种开放的教学也有一定的弊端，就是课堂组织容易混乱，教学时间难以把控，容易拖堂，物化成果多样给评价带来困难。这就要求教师在设计时早预案，加强小组合作学习的指导，时时调控好课堂节奏，对成果的评价要多元量化，进行综合评价，保证教学有序有效地开展

（本案例由孟庆福、吴珊珊、徐菲菲、王翠萍、牛沙沙、宋翠云、薛永梅设计）

案例二

Unit 2　Feelings

参评设计者信息见表 3-69。

表 3-69　参评设计者信息表

设计者	王丽、张庆芬、黄玉红、牟桂华、刘梅	指导者	李百军、郭玲
执教学科	英语	所跨学科	心理健康教育、体育、音乐、美术、科学
实施年级	五年级	使用教材版本	鲁科版

一、单元教学设计

跨学科案例设计框架见表 3-70。

表 3-70　跨学科案例设计框架

单元基本信息					
学科类别	英语	实施年级	五年级	设计者	王丽、张庆芬、黄玉红、牟桂华、刘梅
使用教材版本	鲁科版英语五年级上册				
单元主题名称	Control emotions　Be happy every day 扑灭"小火山"　快乐每一天				
单元课时	3 课时				
单元教学设计说明					
单元教学设计的背景和依据 《义务教育课程方案和课程标准（2022 年版）》指出：加强课程内容与学生经验、社会生活的联系，强化学科内知识整合，统筹设计综合课程和跨学科主题学习，强化课程"协同育人功能"。跨学科教学注重本学科与其他学科的联系，有效打破学科壁垒，学生可以利用其他学科中的知识与经验解决本学科的问题，在拓展学生思维方面起到了重要作用。 　　教育部宣布把中小学生身心健康工作作为国家战略。学生在学习生活中，学会情绪控制是心理健康教育工作的一个重要主题。本案例依托小学五四制鲁科版英语教材五年级上册第二单元课题 Feelings 为语言话题，整合心理健康教育、音乐、美术、体育、科学等学科知识进行生活体验，帮助学生在身心体验过程中学会用适当的方式调节自己的情绪，做管理自己情绪的小主人					
单元学习目标					
在活动体验过程中，教师引导学生学会观察他人的情绪变化，尝试理解对方的感受，知道应当规避的谈话内容，适当调整表达方式，体现出礼貌、得体与友善。在学习研究过程中指向学生英语综合运用能力的提高，并进一步培养学生学习英语的兴趣和自信心					

续表

（1）英语价值：在认识和了解不同情绪、体会不良情绪的危害、讨论和探究如何应对并改善不良情绪的实践过程中，学生分别进行有关情绪话题的感知理解、交流运用、综合输出等学习活动，通过听、看、说、玩、演等方式实现英语语言的综合运用。

（2）教育价值：心理健康教育至关重要，在体验不同情绪对人产生的影响后，明白合理管理情绪的重要性，通过体验、观察、讨论等活动，初步了解管理情绪的方法，引领健康生活。

（3）社会价值：通过感受不同情绪带来的影响，学习情绪管理的方法，加强自我调控的能力，培养乐观和积极向上的人生态度

单元学习环境
一、物理环境 教室布置：桌椅摆放，四人一组，有利于合作学习。 教学器材：烧杯、红色色素、小勺子、醋、小瓶子、小包小苏打、泡腾片、手套等 二、虚拟环境 保持多媒体一体机网络通畅。班内配备教学电脑和实物展台，运用 PowerPonit 运行课件

单元学习任务／活动设计		
课时	学习主题任务	
课时1	选题： 结合日常情绪体验，认识到积极情绪有益于身心健康，不良情绪危害身心健康	任务1：万花筒 结合自己的生活体验，畅谈情绪感受，恰当认知自我与他人的情绪情感。 任务2：明镜台 众多不良情绪中，愤怒宛如火山爆发，我们做一下深入研究吧。 任务3：小实验 做"火山爆发"的小实验，让学生形象地体会到愤怒情绪造成的危害宛如在物理状态下"火山爆发"产生的威力
课时2	规划： 为愤怒的朋友出妙计，找出控制愤怒的法宝	任务4：小演员 再现生活中愤怒的情景，体会愤怒情绪带来的危害。 任务5：智慧泉 小组讨论，研究出扑灭"小火山"的妙计。 任务6：小诸葛 当聪明的小诸葛，讲出控制愤怒的法宝
课时3	实施： 用调节愤怒的法宝来解决实际问题 总结： 总结交流，使学生明白合理宣泄愤怒情绪和控制愤怒情绪的重要性	任务7：回音壁 （1）运用你想出的妙计帮助几位被怒火控制的同学。 （2）表演生活中愤怒的情景，让大家帮助你降火 任务8：瑕瑜互见 小组互评，交流评价意见，共同寻找更合适的应对方式。 任务9：心语小屋 我们想了很多控制愤怒情绪的方法，最好是让内心没有"火山"，每天保持快乐

续表

单元作业设计
（1）记录自己一天内的情绪变化，完成下面表格。（内容为不同的情绪、变化的原因和积极情绪与不良情绪的区分） 一天内情绪的变化 | Feelings	Reasons	Distinguish	
---	---	---	---
I am ___.	I am doing sth. I can't ___. I lost ___.	Good feelings	Bad feelings
			| （2）请画出一幅能宣泄自己的不良情绪，令你自己开心的图画吧。 （3）请学生与家长做一次沟通，了解家长对情绪管理的看法和做法。同时，向家长传达自己在情绪管理方面所学的知识和方法

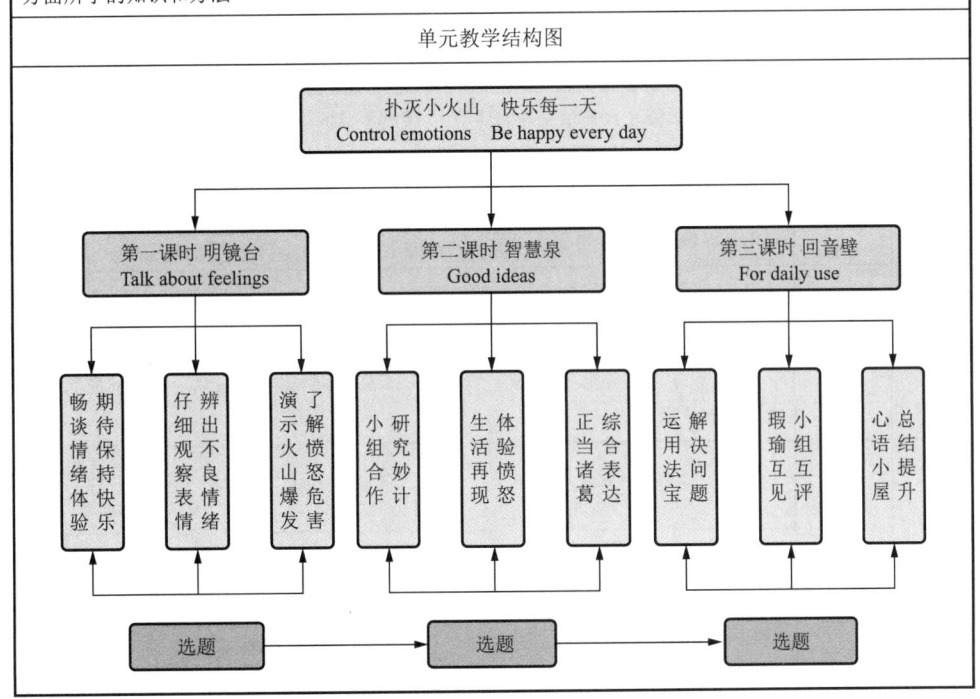

单元教学结构图

扑灭小火山　快乐每一天
Control emotions　Be happy every day

第一课时 明镜台　Talk about feelings
- 畅谈情绪体验
- 期待保持快乐
- 仔细观察表情
- 辨出不良情绪
- 演示火山爆发
- 了解愤怒危害

第二课时 智慧泉　Good ideas
- 小组合作
- 研究妙计
- 生活再现
- 体验愤怒
- 正当诸葛表达
- 综合表达

第三课时 回音壁　For daily use
- 运用法宝
- 解决问题
- 瑕瑜互见
- 小组互评
- 心语小屋
- 总结提升

选题 → 选题 → 选题

二、课时教学设计（选取单元中最能体现跨学科主题学习的课时）

小学英语跨学科主题学习课时设计见表 3-71。

表3-71 小学英语跨学科主题学习课时设计

内容组织	学习主题	智慧泉:研究扑灭"小火山"的妙计		
	学习目标	(1)结合多学科的学习经验,小组讨论,找出控制愤怒的方法,并用英语进行表达。 (2)了解不良情绪是可以调节和控制的,学会管理自己的情绪,倡导健康生活		
	统领性任务	以小组合作的方式,借助学习支架,讨论研究出合理宣泄愤怒情绪的妙计。在任务情境中,引导学生综合运用所学语言和跨学科知识解决问题,同时锻炼学生的综合实践能力		
	子任务	生活再现 体验愤怒	小组合作 研究妙计	争当诸葛 综合表达
	驱动性问题	大家了解到愤怒情绪宛如火山爆发,你能想到控制和宣泄愤怒情绪的小妙招吗?		
	子问题	小妙招中大家提到了听音乐(listen to music)能宣泄不良情绪,听什么样的音乐能平复你的心情呢?	运动(do sports)也是一种好的宣泄方式,我们展开说一说什么样的运动方式可使你放松?	有人喜欢通过画笔来宣泄不良情绪,面对愤怒的情绪,你想画一幅什么样的画来排解呢?
内容组织	关联学科 学科A	心理健康教育:结合心理健康课程"我的喜怒哀乐",通过谈论"我的情绪万花筒",恰当认知自我与他人的情绪情感		
	学科B	美术:绘画能让人处于安静的环境中,缓解不良情绪带来的负面影响。绘画中不同的色彩、线条和方式有利于排解不良情绪		
	学科C	体育:体育是治愈心灵的良药,让学生通过自己喜爱的运动,深入体验与了解运动对于负面情绪的缓解与帮助效用		
	学科D	音乐:了解学生不同的音乐兴趣类型与风格,通过欣赏、理解、弹奏音乐,帮助学生正确面对各种情感,并解决情绪问题		
	学科E	科学:科学小实验形象、直观。做"火山爆发"实验让学生深刻地体会到愤怒情绪对人体的危害		
学习过程	学习活动(实施过程)	主题任务	教师指导	创造力及批判性思维
		联系日常生活,回答问题,有利的打"√",不利的打"×"。 happy ( ) excited ( ) angry ( ) sad ( ) worried ( )	联系生活作答:在"万花筒"中出现的情绪,哪些有利于身心健康,哪些不利于身心健康? 用演一演的方式再现愤怒的场景	根据学生的日常情绪体验,与心理健康教育相联系,引导学生明白积极、向上、快乐的情绪有益于身心健康,愤怒、伤心、担忧的情绪会影响身心健康

142

第三章 | 小学 STEM 教育课程建设

续表

学习主题		智慧泉:研究扑灭"小火山"的妙计		
学习过程	学习活动（实施过程）	"小演员"活动： 再现生活中愤怒的情景,体会愤怒情绪带来的危害 学生在小组合作中奉献智慧,思考并用英语说出控制愤怒的妙计,在组内分享。 预设表达： S1：Do sports. S2：Listen to music. S3：Draw pictures. S4：Talk to the teachers. S5：…	以一种危害身心健康的情绪——愤怒入手,开展"智慧泉活动"：小组合作,找出控制愤怒的法宝。 提问参考:How do you control angry？	学生借助团队优势,结合平时音乐、体育、美术课堂的学习体验,找出宣泄愤怒情绪和控制愤怒情绪的法宝
		学生分类归纳举例： run do sports skip play football …	教师引导学生分类归纳想出的扑灭"小火山"的妙计,开展"小诸葛活动"：在归纳分类的基础上,进行语言的综合运用	结合英语学科及音乐、体育、美术和心理健康教育所学,更细化各自的小妙招,如听音乐可缓解愤怒的情绪。再具体化,听什么样的音乐有利于缓解愤怒情绪？
	学习支持	学习支架:一张探寻宣泄愤怒情绪的方法的思维导图 学习策略：在小组内思考、探究、分析和归纳。 学习资源：多幅世界名画、各种形式的音乐音频、各种体育项目视频等		
学习评价	产出成果	活动小结：在小组内研究扑灭"小火山"的妙计,利用学习支架完成思维导图任务。 下面是其中一个小组的活动成果：		

143

续表

学习主题			智慧泉：研究扑灭"小火山"的妙计					
学习评价	产出成果		（思维导图：火山形图，围绕"Find some methods to keep calm!"展开，分支包括 Do some things we like to relieve emotions 做喜欢的事情缓解情绪、Enjoy music we like 享音乐、Do sports we like 做喜欢的运动、Draw pictures we like、Other methods to relieve emotions 等，含 listen to music、play the musical instrument、play games with friends、go shopping、go to some beautiful places、Do things with our good friends、do some interesting things with friends、go to see a film with friends、play the violin、sing a song 等多个子分支）					
	过程性评价		学会倾听	合作交流	我的贡献	解决问题	等级	评价等级
			善于倾听对方的意见，有不同的意见时，会等对方说完，再补充或提出反对意见；遇到分歧或困难时，能心平气和地进行处理	主动和同学配合，乐于帮助同学，认真倾听同学的观点和意见，对小组的学习做出贡献	积极参与活动，主动提出设想和建议，不怕困难和辛苦	活动方案构思新颖，会用多种方法搜集和处理信息，实践方法、方式多样，能用跨学科知识解决问题	A	自评：
			比较善于倾听对方的意见，有不同的意见时，会等对方说完再补充；遇到分歧或困难时，能比较心平气和地进行处理	乐于合作，能和同学交流，尊重他人，在小组内能和同学配合完成任务，能听取同学的建议	能按老师要求参与活动，在老师的督促下提出设想和建议，遇到问题能想办法解决	活动方案切实可行，能搜集资料，及时处理信息，根据老师提供的方法参加实践活动	B	
	总结性评价	评价量规	不善于听取别人的意见，有不同的意见时，不会等对方说完就提出反对意见；不能很好地处理小组成员之间的矛盾	能够完成小组长布置的任务	在小组成员的影响下参与活动，没有自己的设想和建议，不能主动克服困难	参照别人的设计能写出活动方案，能自己整理老师提供的资料	C	组评：

续表

学习主题			智慧泉:研究扑灭"小火山"的妙计
学习评价	总结性评价	评价量规	评价准则: (1)是否愿意参与活动,是否能主动贡献自己的智慧。 (2)是否能承担一部分任务,是否能主动与小组成员交流,态度与语言是否礼貌、得体。 (3)是否能积极用老师提供的语言支架表达自己的情绪。 (4)是否愿意与他人合作,是否能听取别人的意见。 (5)当与别人的意见不合时,能否调节自己的情绪。 (6)在活动中,是否能产生不一样的想法,对问题是否有更高的认知
			等级标准:A级　B级　C级
			具体说明: 　A级:在小组活动中积极主动,能结合多学科知识寻找解决办法,并能虚心听取他人的意见,愿意和他人合作;在活动过程中善于照顾他人的情绪;积极使用英语表达自己的想法,语音语调正确流利,能表达自己不同的见解。 　B级:能完成小组的任务,愿意和他人合作;能做到态度友善、语言得体,并能用英语表达自己的意见。 　C级:基本能完成小组的任务,与小组合作,但是态度不积极,只有当别人问时才说出自己的想法

(本案例由王丽、张庆芬、黄玉红、牟桂华、刘梅设计)

案例三

探究体重指数 BMI　倡导健康生活方式

一、基本信息

基本信息见表3-72。

表3-72　基本信息表

设计者	李百军、孙毅楠、孙明霞、赵红丽、张红云	指导者	李百军、周丽萍
实施年级	五年级	执教学科	小学体育
所跨学科	小学数学、信息科技	使用教材版本	人教版

二、主题设计

(一)主题名称

探究体重指数BMI,倡导健康生活方式。

(二)主题学习活动学时

主题学习活动共3学时。

(三) 主题涉及学科

信息科技：关键字的选取、搜索引擎的使用、信息的整理。

数学：了解体重指数的含义，会用公式来计算一个人的体重指数，并会对照《国家学生体质健康标准（2014年修订）》知道自己的体重情况（正常、低体重、超重、肥胖）。选择合适的统计图表描述本班学生的体重指数，利用统计方法和统计思想统计学生的体重指数，进而估测全年级学生的健康状况。

体育与健康：学习保持体重指数正常的锻炼方法，制订科学的膳食食谱和身体锻炼计划，并坚持实施。

(四) 主题设计说明

《义务教育课程方案和课程标准（2022年版）》中指出，课程目标要围绕核心素养。核心素养是课程育人价值的集中体现。

本主题借助生活中存在的真实问题引导学生进行探究学习。在学习和设计中打破学科边界壁垒，将信息科技、数学、体育三门学科的知识和技能进行有意义的融合统整。五年级的学生有一定的计算及信息处理能力，能够参与亲身实践探究，能够通过团队合作在探究过程中主动理解和建构知识。通过多个活动的设计、任务的驱动，培养学生的合作能力，提高实践能力，实现做中学、用中学、悟中学、共同学；培养学生的信息意识、数字化学习与创新等能力，将信息科技核心素养落实到位；培养学生的数据意识、应用意识与创新意识，从而让学生学会用数学的眼光观察世界，学会用数学的思维思考现实世界，学会用数学的语言表达现实世界；引导学生在今后的生活中，关注自己的身体，注意健康饮食，自觉养成良好的生活、学习和体育锻炼的习惯。

(五) 主题学习活动目标

（1）通过网络搜索，初步了解体重指数的含义、计算方法等相关信息。在自主探究的过程中，培养信息意识、数字化学习与创新等核心素养。

（2）在了解体重指数含义的基础上，会用计算公式计算一个人的体重指数。

（3）进一步体会用样本估计总体的思想，利用统计方法和统计思想统计出班级学生的体重状况，从而估计年级学生的体重状况，培养数据意识和应用意识。

（4）在学习过程中，了解体重指数不正常的原因，掌握控制自己体重的方法。

（5）让学生在知道自己体重指数等级的情况下，引导他们进行合理膳食和体育锻炼，倡导健康生活方式，养成良好的生活习惯。学会制订合理的膳食计划和锻炼计划并坚持实施,进一步提升体育品德。

(六)主题学习评价设计

主题学习评价设计见表 3-73。

表 3-73　主题学习评价设计

评价项目	评价内容	自我评价				小组评价			
		A	B	C	D	A	B	C	D
学习态度	(1)学习目标明确,重视学习过程的反思,积极优化学习方法。 (2)逐步形成浓厚的主题学习兴趣。 (3)保质保量按时完成作业。 (4)重视自主探索、自主学习,拓宽视野								
参与程度	(1)认真参加主题学习活动,积极思考,善于发现问题,勇于解决问题。 (2)逐步提高表达与交流能力。 (3)积极参加主题探究活动,加强相关知识的学习								
合作意识	(1)积极参加主题合作学习,勇于接受任务、敢于承担责任。 (2)加强小组合作,取长补短,共同提高。 (3)乐于助人,积极帮助学习有困难的同学。 (4)公平、公正地进行自评和互评,评价过程认真、负责、有诚信								
探究活动	(1)积极尝试、体验主题研究的过程。 (2)逐步形成严谨的科学态度、不怕困难的科学精神。 (3)勇于质疑,善于反思,有创新意识。 (4)善于观察和分析事实,提出有意义的问题,猜测、探求适当的结论和规律,给出解释和证据								

注:A 代表"优秀",B 代表"良好",C 代表"一般"。

(七)主题学习活动环境

(1)活动室 1:多媒体教室,配备 50 台学生机、一台打印机,学生机全部联网。

(2)活动室 2:教室,班内配备教学电脑和实物展台,运用希沃白板运行课件,用 Excel 做统计表和统计图。

（3）活动室 3：体育馆内篮球场地一块、身高和体重测量仪、常见食物营养挂图 8 幅、单人跳绳 50 根、小栏架 12 个、秒表一块。

(八) 主题学习活动

活动 1：填写调查问卷（课前进行）。

测量学生自己及家人的身高、体重，做好记录，并与家人讨论：对自己的体重是否满意？

活动 2：创设情境，引出探究主题。

针对学生的调查问卷内容，教师提出问题：你们对自己的体重满意吗？为什么？怎样知道自己的体重是否达标？通过探讨一系列问题，引出学习活动的主题关键词：体重指数 BMI。

活动 3：实践（上机）操作，信息查询及整合。

教师提出问题：关于"体重指数"这个词语，你们想知道些什么？布置任务：以小组为单位，使用搜索引擎查询与"体重指数"相关的信息，并对查询的信息内容进行整合。

活动 4：小组合作探究，计算本组内成员的体重指数并绘制统计图。

活动 5：分享汇报。

各小组派代表上台展示统计图，与《国家学生体质健康标准（2014 年修订）》做比较并说说组内成员的体重状况。教师收集每个小组的数据，在电子表格中汇总各小组数据形成全班数据，制成各种统计图给学生赏析。

活动 6：估测应用。

教师根据班级学生的体重情况，推测自己所在学校全年级学生的消瘦、正常、超重和肥胖的人数（比例）各为多少，出示其他班级预测的结果，并进行对比。

活动 7：讨论交流。

结合班级体重指数统计图，就如何保持正常体重提出合理化的意见和建议。

活动 8：讲解各种常见食物的营养成分。

教师出示挂图，并讲解各种常见食物的营养成分，指导学生合理膳食，养成正确的饮食习惯、生活习惯。

活动 9：指导学生学习锻炼身体技术的动作。

教师通过提问"哪些体育动作可以让我们全身得到锻炼？"指导学生学习锻炼身体的技术动作，鼓励学生积极练习并展示。

活动 10：梳理主题学习内容，倡导健康生活方式。

教师带领学生梳理主题学习内容，倡导健康生活方式，鼓励他们制订计划并主动实施。

（九）主题作业设计

（1）课前作业，在家中测量自己及家人的身高和体重。

（2）为家人计算 BMI，并与家人讨论健康的生活方式。

（3）制订一份家庭健身计划。

（4）制定每天的健康食谱。

（十）主题教学结构图

主题教学结构图如图 3-8 所示。

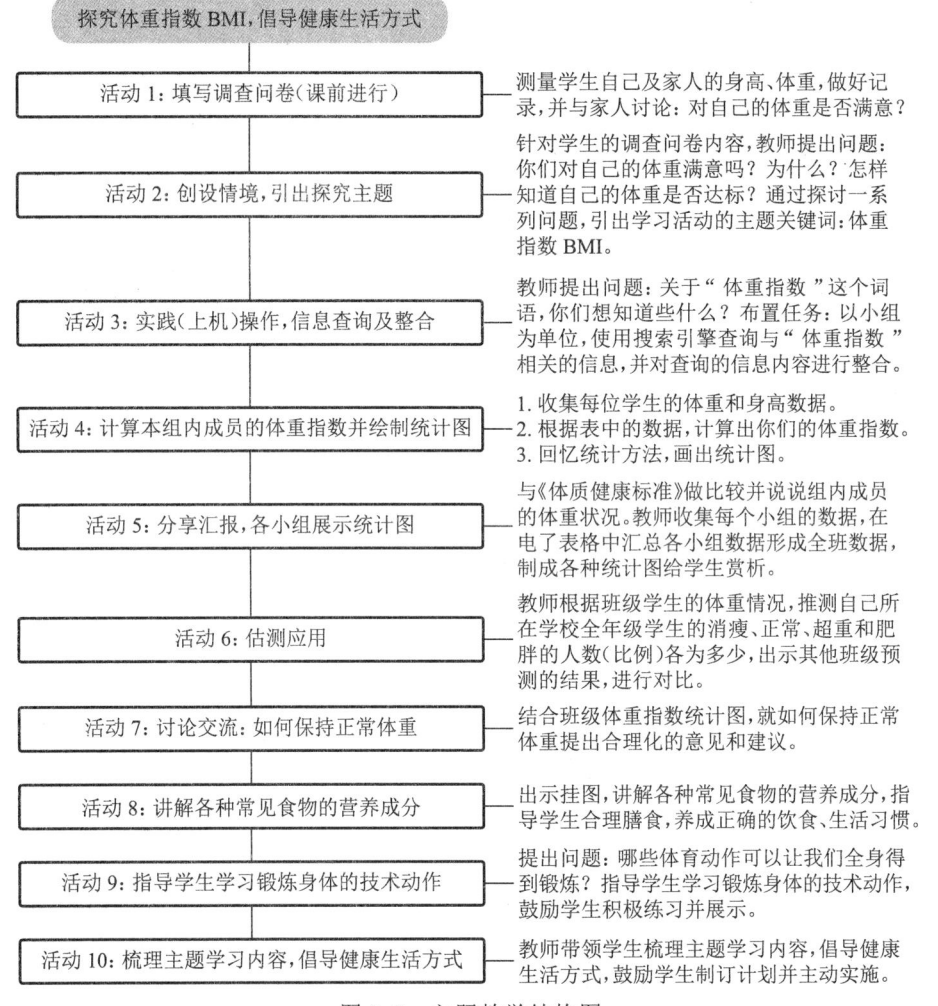

探究体重指数 BMI，倡导健康生活方式	
活动 1：填写调查问卷（课前进行）	测量学生自己及家人的身高、体重，做好记录，并与家人讨论：对自己的体重是否满意？
活动 2：创设情境，引出探究主题	针对学生的调查问卷内容，教师提出问题：你们对自己的体重满意吗？为什么？怎样知道自己的体重是否达标？通过探讨一系列问题，引出学习活动的主题关键词：体重指数 BMI。
活动 3：实践（上机）操作，信息查询及整合	教师提出问题：关于"体重指数"这个词语，你们想知道些什么？布置任务：以小组为单位，使用搜索引擎查询与"体重指数"相关的信息，并对查询的信息内容进行整合。
活动 4：计算本组内成员的体重指数并绘制统计图	1. 收集每位学生的体重和身高数据。 2. 根据表中的数据，计算出你们的体重指数。 3. 回忆统计方法，画出统计图。
活动 5：分享汇报，各小组展示统计图	与《体质健康标准》做比较并说说组内成员的体重状况。教师收集每个小组的数据，在电子表格中汇总各小组数据形成全班数据，制成各种统计图给学生赏析。
活动 6：估测应用	教师根据班级学生的体重情况，推测自己所在学校全年级学生的消瘦、正常、超重和肥胖的人数（比例）各为多少，出示其他班级预测的结果，进行对比。
活动 7：讨论交流：如何保持正常体重	结合班级体重指数统计图，就如何保持正常体重提出合理化的意见和建议。
活动 8：讲解各种常见食物的营养成分	出示挂图，讲解各种常见食物的营养成分，指导学生合理膳食，养成正确的饮食、生活习惯。
活动 9：指导学生学习锻炼身体的技术动作	提出问题：哪些体育动作可以让我们全身得到锻炼？指导学生学习锻炼身体的技术动作，鼓励学生积极练习并展示。
活动 10：梳理主题学习内容，倡导健康生活方式	教师带领学生梳理主题学习内容，倡导健康生活方式，鼓励学生制订计划并主动实施。

图 3-8　主题教学结构图

三、第一课时学时设计

(一)学时

第一学时。

(二)标题

了解体重指数。

(三)教学内容分析

本节课是跨学科主题学习案例《探究体重指数 BMI,倡导健康生活方式》中的第一课时,是开启本主题探究之旅的第一站。

本节课以生活中真实存在的问题——你对自己的体重满意吗?带动学生进行学习和探究。通过网络搜索,初步了解体重指数的含义、计算方法及评判标准。在学生自主探究的过程中,培养学生的信息意识、数字化学习与创新等核心素养。

(四)学情分析

五年级学生已经掌握使用搜索引擎浏览网页以获取信息的方法,学习能力较强。但由于现今家庭电脑使用率低,学生操作的熟练度不够高,信息整合的能力有待提高。

(五)学习目标

(1)确定搜索关键字,使用搜索引擎搜索信息,初步认识信息处理的作用与价值,培养学生的信息意识。

(2)整合汇总搜索到的信息,以小组为单位进行汇报,培养学生信息整合能力及小组合作意识,锻炼学生语言表达能力。

(3)初步了解体重指数的含义、计算方法及相关信息,为后面进一步的探究做好准备。

(六)学习重难点

重点:确定关键字及搜索信息。

难点:整合有效信息。

(七)学习评价设计

个人探究学习过程评价量规见表 3-74。

小组合作过程评价量规见表 3-75。

第三章 小学 STEM 教育课程建设

表 3-74　个人探究学习过程评价量规

学生姓名：　　　　　　　　　　　　　　　　组别：

情感态度	学习能力	信息的搜索及整理	等级	评价
能积极参与学习活动，遇到问题时能积极想办法解决	能够自主学习，很好地完成任务，勇于猜想和探究，能通过探究问题获取新的知识和技能	关键字确定准确，使用搜索引擎搜索信息操作熟练，收集了大量信息，都与主题有关，并能分类整理	A	自评：
能较积极参与学习活动，对探究问题有一定兴趣，能尽力克服学习活动中遇到的困难	能够在教师引导下基本完成学习任务，在探究过程中获得一定知识	关键字确定基本正确，能使用搜索引擎进行信息搜索，但操作不够熟练；收集较多信息，大部分与主题有关，能对信息进行较好的分类	B	组评：
基本上能参与学习活动，但不是很努力，遇到困难没有主动想办法解决	被动接受，缺乏自主学习的方法和能力，只能完成少部分学习任务	关键字不明确，使用搜索引擎搜索信息不熟练，只收集到很少信息，也不懂得对信息进行分类整理	C	

注意：A 代表"优秀"，B 代表"良好"，C 代表"一般"。

表 3-75　小组合作过程评价量规

班级：　　　　　　　组名：　　　　　　　组长：

合作态度	小组分工	小组协作	小组交流	合作效果	等级	评价
小组成员愿意参与到合作学习中来，积极主动地开展合作学习	小组分工合理，能根据不同学生的特质使其担任不同的工作，各个成员出色地完成自己的任务	小组成员在分工的同时能很好地帮助本组其他成员完成工作。体现协作精神	小组内交流热烈，能通过讨论得到新的方法和新的启示	在小组分工协作下出色地完成任务，并通过小组讨论交流得到新的想法	A	自评：
小组成员能较好地开展合作学习，成员能基本参与到合作中来	小组成员分工基本合理，分工基本明确，各成员能完成自己的任务	小组成员能完成基本的协作，能在老师引导下帮助本组同学完成任务	小组内交流热烈，能通过讨论基本得到新的方法和新的启示	小组在分工和协作下基本完成任务，能达到预期的目的	B	组评：
小组成员排斥合作性学习，在合作学习中不积极主动参与其中	小组缺乏分工，出现一人包办现象。各成员不能很好地完成工作	小组内缺乏协作，每一个成员都只知道完成自己的工作	小组成员间缺乏沟通，不能有效地进行交流	小组学习任务完成比较差，没有体现小组分工和协作的合作精神	C	

注意：A 代表"优秀"，B 代表"良好"，C 代表"一般"。

（八）学习活动设计

学习活动设计见表3-76。

表3-76　学习活动设计

环节名称	教师活动	学生活动	设计意图	时间/分钟
课前准备（填写调查问卷）	布置调查问卷，让学生测量自己及家人的身高、体重，做好记录，并与家人讨论：对自己的体重是否满意？	填写调查问卷，了解家人的身高及体重，并与家人讨论	提前了解自己及家人的身高和体重。通过与家人讨论，引出跟主题相关的信息，为课堂学习做好准备	30
课前准备（分组）	根据学生性别进行分组（6人一组），并由组员选出组长	学生更换座位，并选出组长，完成任务单	为小组合作做好准备	10
创设情境，引出探究主题	针对学生的调查问卷内容，教师提出问题：你们对自己的体重满意吗？为什么？怎么知道自己的体重是否达标？	学生参与讨论	通过问题探讨，引出主题——体重指数BMI	5
小组讨论，确定查询的内容	提出问题：什么是体重指数？通过什么方法可以查到？	小组讨论并回答	通过问题引导学生使用搜索引擎进行信息查询	3
实践操作，信息查询	组织学生进行信息查询	根据讨论结果，利用搜索引擎进行信息查询	提供上机操作的实践机会，锻炼学生信息搜索能力	6
学生汇报	组织学生演示操作方法，并根据查询的信息进行汇报	学生演示操作方法，并根据查询的信息进行汇报	通过汇报，带领学生初步了解体重指数的含义	3
"擂台赛"（小组合作、信息整合）	组织擂台赛：（1）提出问题：与体重指数相关的信息还有哪些？请小组合作进行信息的查询并汇总。（2）宣布"擂台赛"规则：教师宣布比赛开始，启动计时软件，比赛开始	（1）小组讨论，确定下一步想查询的内容；小组内分工进行信息的查询。（2）组长统计并完成"擂台赛"汇总表	提高学生小组合作能力和信息整合能力，激发学生的竞争意识	10
小组汇报	（1）组织学生分组进行汇报。每组指派一人进行汇报。（2）根据"擂台赛"规则，评出优胜组	由组长指派一名组员进行信息汇报	锻炼学生语言表达能力	10
课堂小结	教师根据学生汇报进行总结	学生根据教师提示进行辅助总结	梳理信息，总结本课主要内容	3

"小擂台"汇总表见表 3-77。

表 3-77 "小擂台"汇总表

项　目	一组	二组	三组	四组	五组	六组
所用时间						
信息种类						
小组汇报						
额外加分项						
总　分						

计分原则：以下各项累计加分，得☆最多的组获胜。

（1）用时最短的两个组加三颗☆☆☆，用时第三、四名的组加两颗☆☆，用时最长的两个组加一颗☆。

（2）信息种类：信息种类最多的组加三颗☆☆☆，最少的组加一颗☆，其余的组加两颗☆☆。

（3）敢于上台展示汇报的小组加两颗☆☆。

（4）脱稿上台展示汇报的小组加三颗☆☆☆。（额外加分项）

小组成员分工见表 3-78。

表 3-78 任务单：小组成员分工

序号	姓名	职务	职责
1			
2			
3			
4			
5			
…			

（九）板书设计

板书设计如图 3-9 所示。

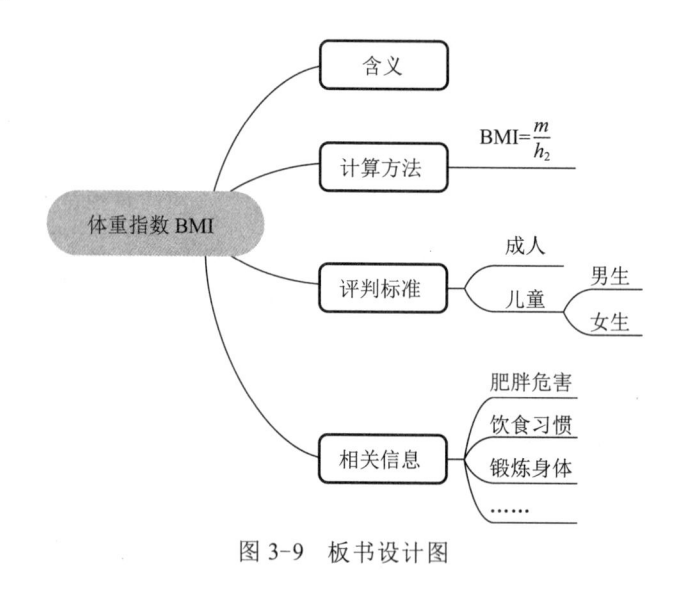

```
                    ┌── 含义
                    │
                    │                  BMI=$\frac{m}{h_2}$
                    ├── 计算方法 ──
                    │
体重指数BMI ──┤                  成人
                    ├── 评判标准 ──      ┌── 男生
                    │              儿童 ──┤
                    │                    └── 女生
                    │
                    │              ┌── 肥胖危害
                    │              ├── 饮食习惯
                    └── 相关信息 ──┤── 锻炼身体
                                   └── ……
```

图 3-9　板书设计图

（十）作业设计

课堂作业：整理本节课搜索到的信息，形成 Word 版文件，排版后保存，并打印。（各小组整理一份即可）

课后作业：与家人一起搜索与健康的生活方式相关的信息（饮食和运动等方面），制作手抄报。

（十一）教学反思和改进

本节课在建构主义学习理论指导下，采用"任务驱动"教学策略，借助多媒体课件，对学生实施研究式自主学习教学模式。教学中教师注重培养学生分析问题、解决问题的能力。通过学习和实际操作，培养学生的实践能力、创新能力、操作能力和自学能力，提高学生对信息的处理能力，培养学生的信息素养。本节课的重点分析有如下几点：

第一，导入部分，设置一定的问题情境，激发学生的求知欲，是这节课成功的关键点。

第二，设计问题，引导学生自己动手去探索解决问题的方法，教师只是作为一个辅助者，体现了"以学生为主体"的教学思想。

第三，设计"小擂台"赛，激发小组的竞争意识及小组间组员的合作意识。

改进之处：一是在学生演示环节，有的学生操作比较快，教师应再总结一下操作方法，让接受慢的学生能更清楚地学会操作方法、步骤；二是在"小擂台"赛环节，小组成员在完成自己的任务后没有相互观察是否与其他组员搜集到的信息重复，仅仅靠组长去统计，耽误了小组完成任务的时间。因此，在这个环节一定要调动起每个组员的力量，提高完成任务的效率。

四、第二课时学时设计

(一)学时

第二学时。

(二)标题

探究体重指数 BMI。

(三)教学内容分析

本节课是跨学科主题案例《探究体重指数 BMI,倡导健康生活方式》中的第二课时,是开启本主题探究之旅的第二站,发展学生的数据意识、应用意识和创新意识。

本节课的核心问题是:你们会分析体重指数吗?为了对生活中的事物做出合理的决策或可靠的预测,必须掌握数据的收集、整理方法,并对结果做科学分析和恰当描述,逐步提高应用数学的能力。"数据的收集、整理与描述"主要通过对数据收集、整理、描述和分析,帮助人们做出合理的推断和预测。

(四)学情分析

五年级学生具备一定的自主探究、合作学习的经验与能力,已经掌握了计算、收集、整理、描述、分析数据的基本方法,已经学会使用统计表和统计图来表示统计结果,并能根据统计图表解决简单的实际问题。学生在这些知识的基础上,认识一种新的国际上使用最广泛的反映人体胖瘦的重要指标——体重指数。教师要重点考虑学生的基本知识储备,让学生初步感知数据的变化,放手让学生独立思考,互相合作,培养学生的创新意识与思维能力。还要逐渐培养学生有一双善于发现的眼睛,引导学生根据体重指数联想生活实际,去尝试寻找解决问题的策略,让他们感受大数据观,真正体会体重指数在生活中的作用。

(五)学习目标

(1)了解体重指数的含义,会用计算公式计算一个人的体重指数。

(2)进一步体会用样本估计总体的思想,利用统计方法和统计思想统计出班级的体重状况,从而估计年级的体重状况。

(六)学习重难点

重点:体重指数的应用公式。

难点:数据的计算和分析。

(七)学习评价设计

学习评价量规见表 3-79。

表 3-79　学习评价量规

设计	小组合作	项目成果	汇报总结	等级
活动方案完整,步骤清晰,操作性强	分工合理,合作顺畅	完成了设计任务,且数据准确	思路清晰,步骤清楚,有反思、有总结	A
有活动方案,但是步骤不够清晰	所有组员都参与工作,但分工不是很明确	完成了设计任务,但数据误差较大	只是简单讲解,反思不深刻	B
未完整做出活动方案	有少数组员完成所有工作	未完成设计任务	讲解不完整,表述不清楚	C

注意:A 代表"优秀",B 代表"良好",C 代表"一般"。

(八)学习活动设计

学习活动设计见表 3-80。

表 3-80　学习活动设计表

环节名称	教师活动	学生活动	设计意图	时间/分钟
知识回顾	(1)什么是体重指数? (2)体重指数有什么作用?	学生思考后回答	回顾上一节课学习的内容,巩固旧知	3
合作探究	(1)收集每位学生的体重和身高数据。 (2)根据表中的数据,计算出体重指数。 (3)回忆统计方法,画出统计图。	(1)展示组内同学的身高和体重数据。 (2)用计算器计算组内每位同学的体重指数,并做好记录,完成任务单一。 (3)根据数据绘制统计图	让学生动手计算,通过启发和讨论引导学生进入角色,鼓励学生通过小组活动,积累活动经验,激发创新意识	10

续表

环节名称	教师活动	学生活动	设计意图	时间/分钟
分享汇报	（1）各小组派代表上台展示统计图，与《国家学生体质健康标准（2014年修订）》做比较并说说组内成员的体重状况。 （2）教师收集每个小组的数据，在电子表格中汇总各小组数据形成全班数据，制成各种统计图给学生赏析	各小组汇报本组同学的体重状况，然后汇总并简要说明得到的主要结论	通过小组分享探讨，以计算思维方式分析问题，明确要解决的问题	10
估测应用	（1）根据班级学生的体重情况，推测自己所在学校全年级学生的消瘦、正常、超重和肥胖的人数（比例）各为多少。 （2）出示其他班级预测的结果，进行对比	小组讨论、分析，并进行总结	让学生灵活处理数据，能用样本相关数据对总体进行合理的估计和推测	5
讨论交流	结合班级体重指数的统计图，就保持正常体重提出合理化的意见和建议	学生畅所欲言	培养学生的应用意识以及让图像说话的能力	
分享汇报	（1）给消瘦者的建议。 （2）给超重、肥胖者的建议	人人都要保持良好的生活习惯，坚持适量运动，多吃蔬菜水果等	引导学生树立健康意识、运动意识，养成良好的生活习惯，更重要的是让学生学会从数学的视角审视活动	3
课堂总结	教师口诀总结： 先收集、后计算，体重指数来评判。 绘表图、再估算，远离肥胖是关键。 水盐素、糖脂蛋，合理营养八分饭。 睡眠足、常锻炼，正常体重易实现	学生畅谈收获	口诀中既总结了本节课所涉及的数学方法与学习内容，又给出了远离肥胖的建议，便于记忆	4

任务单见表3-81。

表3-81 任务单:个人(小组)信息

姓名	性别	年级	体重/千克	身高/米	个人BMI	小组评价

（九）板书设计

板书设计如图 3-10 所示。

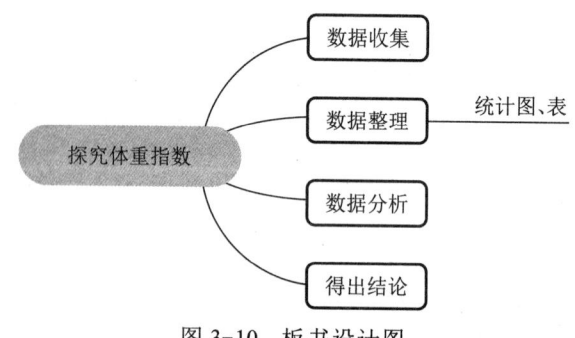

图 3-10　板书设计图

（十）作业设计

根据课前统计的调查问卷，计算出家庭成员的体重指数（见表 3-82），依据成年人的体重指数 BMI 标准判断他们的健康情况，与家人一起讨论健康的生活方式有哪些，并向家人倡导在日常生活中养成健康生活方式。

家庭成员体重指数填入表 3-82。

表 3-82　家庭成员体重指数

学生姓名：　　　　　　　　班级：

家庭成员称谓	体重/千克	身高/米	个人 BMI	家长评价（优、良、合格）
……	……	……	……	……

爸爸（签字）：　　　　　　　　　　　　　　　　　　　　妈妈（签字）：

（十一）教学反思和改进

《义务教育课程方案和课程标准（2022 年版）》强调跨学科学习，"探究体重指数"正是跨学科主题活动的典型案例。跨学科主题活动不是简单地将不同学科内容进行堆积，而是需要围绕着主题将相应的学科有机结合起来。本主题活动利用了信息科技、体育和数学学科的知识和方法，信息技术为学生提供了硬件支持和查阅资料的方法，计算分析体重指数、倡导健康生活方式等更是让学生体会到体育与健康和数学的完美结合。本课例体现了如下特色。

（1）主题的引入具有驱动性。在本次活动的开始环节，引出本活动的研究主题"探究体重指数",激发了学生探究的热情,引导学生进入收集、计算、分析数据的环节。

(2)引导学生学会更好地收集资料。本环节使用了信息科技课中查阅的和体育课上测量的数据进行小组交流,生生之间互相启发。

(3)借助主题有机设计跨学科活动。本主题活动设置了计算、整理、分析数据的活动,课堂上教师让学生分享小组的研究结果,使学生体会运用体重指数可以帮助人们清晰地表达身体体重情况,倡导健康的生活方式。数学、信息科技和体育教师共同授课,很好地促进了跨学科活动的有效实施。

(4)鼓励生生点赞和自我评价。本节课教师鼓励学生用点赞的方式为喜欢的小组加油,然后,大家互相交流点赞的理由。这既是同伴之间的互相学习,又实现了评价的作用。在此基础上,学生再通过评价量规开展自我评价。

关于本主题活动,还有一些值得再思考的地方。例如,可以给学生更多查阅资料的时间;关于体重指数的知识还有很多,可以再增加一课时;继续分享有关体重指数的奥妙;也可以设计更为丰富的体重指数知多少的学习活动。

五、第三课时学时设计

(一)学时

第三学时。

(二)标题

关注体重——我健康,我快乐。

(三)教学内容分析

本节课是跨学科主题案例《探究体重指数BMI,倡导健康生活方式》中的第三课时,是开启本主题探究之旅的第三站。学以致用,引导学生健康生活方式,促进青少年健康成长。

通过本节课学习,学生能够树立"健康第一"的思想,知道合理膳食和体育锻炼的好处。在了解自己BMI指标的基础上,讨论如何保持正常的体重指数,学会制订膳食和锻炼计划,并实施。同时,通过各种运动行为,提高运动能力,养成良好的作息习惯,学会控制自己的体重,塑造良好的体育品德。

(四)学情分析

五年级学生处于生长发育的关键时期,思维活跃,认知能力和表现欲望较强。本节课通过学习和实践,学生在体验中感悟,在感悟中激发对知识的渴求,培养勤于思考、乐于探究、学会合作、自觉学习的好习惯,同时有助于在今后的生活中,关注自己的身体,注意健康饮食,自觉养成良好的生活、学习和体育锻炼习惯。制订的计划可能会在实施过程中有所调整,需要家长和教师及时进行指导和帮助。

（五）学习目标

（1）在学习过程中,了解体重指数不正常的原因,掌握控制自己体重的方法。

（2）让学生在知道自己体重指数等级的情况下,引导他们进行合理膳食和体育锻炼,养成良好的生活习惯。

（3）学会制订合理的膳食计划和锻炼计划并坚持实施,进一步提升体育品德。

（六）学习重难点

重点:学习保持体重指数正常的锻炼方法。

难点:制订膳食和锻炼计划,坚持实施计划。

（七）学习评价设计

小组评价指标见表3-83。

表3-83 小组评价指标

小组协作	技术动作学习: 体能组合动作	对饮食健康的 了解和掌握	总结展示	等级	小组达 标等级
分工明确 合理,配合 默契	小组成员能够按规定 全部完成技术动作,动 作舒展流畅、到位	学生能够掌握本 节课所学知识,和同 伴熟练沟通交流	小组成员汇报内容 丰富、表现积极	A	
分工较明 确合理,配 合较默契	大部分小组成员能够 按规定完成技术动作, 动作舒展流畅、到位	大部分学生能够 掌握所学知识,和同 伴沟通交流	大部分小组成员汇 报内容较丰富、表现 较积极	B	
分工较明 确合理,配 合稍默契	少部分小组成员能够 按规定全部完成技术动 作,动作舒展流畅、到位	个别学生能够掌 握所学知识,和同伴 沟通交流	个别小组成员汇报 内容较丰富、表现较 积极	C	

注意:A代表"优秀",B代表"良好",C代表"一般"。

（八）学习活动设计

学习活动设计见表3-84。

表3-84 学习活动设计

环节名称	教师活动	学生活动	设计意图	时间/ 分钟
讨论BMI 指数不正 常的原因	教师导入新课,抛出问题:为 什么班里这些同学的BMI指数 不正常?原因是什么?	小组内互相讨论和交流 老师提出的问题,把小组 的想法记录在卡片上	让学生探索新知, 了解造成BMI指数 不正常的原因	5

续表

环节名称	教师活动	学生活动	设计意图	时间/分钟
合作探究	教师引导学生在掌握了肥胖和瘦弱产生原因的基础上,探讨如何控制体重。鼓励学生说出办法或做出动作	学生积极表演能够想到的体育活动	通过学生表演的形式活跃课堂气氛,激发学生参加体育活动的积极性	7
知识学习	出示挂图,讲解各种常见食物的营养成分,指导学生合理膳食,养成正确的饮食、生活习惯	学生学习各种常见食物的营养成分,分小组讨论和学习如何合理搭配营养	通过搭配营养食物的知识学习,培养学生的合作能力	6
技能学习和展示	哪些体育动作可以让我们全身得到锻炼?教师指导学生学习身体锻炼的技术动作,鼓励学生积极练习并展示	学生学会体能动作,并进行展示和交流	学生掌握学习动作,课后完成身体练习作业	10
交流汇报	组织学生讨论:如何保证我们的体重指数在正常范围内?	学生根据已知的知识和技能进行汇总,小组派代表进行发言	使学生对所学知识有系统的整理,提高他们的总结和应用能力	5
课堂总结	教师带领学生梳理本节课学习内容,鼓励学生制订计划并主动实施	学生思考、交流、回答	巩固知识,并在今后的学习和生活中应用知识	
布置作业	课后作业:制订膳食和锻炼计划,并能坚持实践计划	学生和家长一起完成课后作业	鼓励学生和家长养成良好的生活、饮食和体育锻炼习惯	2

（九）板书设计

板书设计如图 3-11 所示。

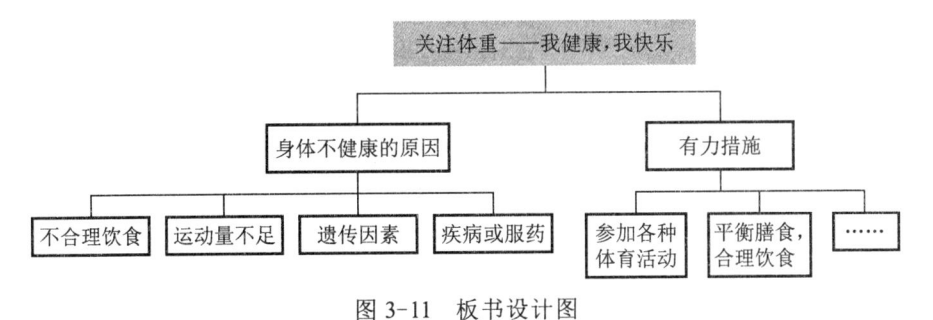

图 3-11 板书设计图

（十）作业设计

五年级家庭健身作业

亲爱的同学们,为了便于大家居家进行体育锻炼,老师给大家推荐了部分体育运动项目,希望大家能够通过练习,体魄得到锻炼,毅力得到提高,终身体育的意识得到增强。

五年级家庭健身作业见表3-85。

表3-85 五年级家庭健身作业表

练习内容	时间
（1）蹲起 （2）爬楼梯 （3）立定跳远 （4）靠墙深蹲	星期一
（1）高抬腿 （2）开合跳 （3）跳短绳 （4）合作跳长绳 （5）踢毽子	星期二
（1）仰卧起坐 （2）坐位体前屈 （3）肩肘倒立 （4）跪跳起 （5）仰卧两头起 （6）俯卧两头起	星期三
（1）立卧撑 （2）俯卧撑 （3）平板支撑 （4）脚蹬墙手倒立	星期四
（1）各种方式的跑步练习 （2）球类	星期五
自选项目	星期六
自选项目	星期日
要求	（1）学生每天根据自己的运动能力及身体状况进行练习,可适当增加练习次数,提高运动强度。 （2）较难的动作请在家长监督下完成,穿宽松的运动服装进行训练,注意安全。 （3）大家可从教师推荐的项目中选取两三项进行练习。除教师推荐的项目外,也可选择其他熟悉的运动项目进行练习,每天运动时间为1小时。注意:锻炼时尽量不要影响邻居休息。 （4）运动前做好准备活动,运动后注意拉伸放松。 （5）每周至少观看一次自己喜欢的体育比赛项目

五年级学生家庭健身作业记录表见表3-86。

表3-86 五年级学生家庭健身作业记录表

姓名：　　　　　　　　　　　　　　　　2024年　月　日——　月　日

时　间	项目1	项目2	项目3	备注
月　日				
月　日				
月　日				
月　日				
月　日				
月　日				
月　日				
备注：学生将自己每天的练习项目及练习时间和次数填在相应的表格内					

（十一）教学反思和改进

本节课采用开放式教学方式，通过小组合作、讨论交流的方式，解决学习中遇到的问题，调动学生学习的积极性，提高学生学习的兴趣，让课堂充满活力。课堂中学生通过生活经验，体会到健康和体重有着密不可分的关系，在分析、讨论后总结出保持体重指数正常的办法，得出合理膳食和体育锻炼是保持正常体重的方法，及时引导学生制订计划，和家长配合，养成良好的生活习惯。

改进之处：在展示环节可以让学生的时间再充分一些，给更多学生展示的机会，也可以设计竞赛环节，提高学生的课堂能动性，学生表现可能会更积极。监督学生的课后作业，提高学生的学习主动性。

六、专家点评

随着经济的发展和生活条件的改善，超重、肥胖已成为影响我国青少年身心健康的重要公共卫生问题。如何引导学生养成健康的生活方式，有效遏制超重、肥胖流行，促进青少年健康，助力健康中国建设，是小学体育的重要内容。

结合五年级学生的认知水平和能力，本跨学科主题学习案例巧妙地借助现实生活中与每个人健康有关的"体重指数"这一核心概念和"你对自己的体重满意吗？""你的体重指数正常吗？"等学生感兴趣且具有一定挑战性的驱动性问题，在学习和设计中打破学科边界壁垒，将信息科技、数学、体育三门学科的知识和技能进行了有意义的融合统整，通过问题驱动、小组合作、多个活动的开展，实现了做中学、用中学、悟中学、共同学，学习评价科学，倡导健康生活方式，促进青少年学生健康成长的教学目标达成度高，学生的信息素养、数据意识、合作意识、沟通交流能力、综合运用多学科知识和技能解决现实生活问题的能力和综合素质得到提升，是一个典型的跨学科主题学习案例。

（本案例由李百军、孙毅楠、孙明霞、赵红丽、张红云设计）

案例四

走进蚕儿的世界

★ 课程目标

借助养蚕活动，引领学生走进蚕的世界，在手工制作"蚕室"、养蚕、蚕文化交流会等系列关于蚕的项目实践活动中，在细致测量记录中，在撰写养蚕观察日记中，在搜集资料、制作PPT过程中，了解蚕，了解蚕文化、蚕桑技术，实现科学、数学、信息科技等学科融合；培养学生的观察能力、科学探究精神，还培养学生的爱心和责任心。该课程既提升了学生的科学素养，又提升了其人文素养，让发展学生核心素养落地生根。

★ 课程领域

科学、技术、工程、数学、语文、德育。

★ 项目任务

（1）进行科学、数学、语文等多学科融合，在制作"蚕室"、测量蚕的长度、观察蚕进食量等活动中了解蚕的生活习性及其整个生命周期生长过程，感悟生命的奇迹，培养学生的责任心和关爱小动物的情感。

（2）结合养蚕，进行连续观察，用观察日记这种书面方式表达自己的观察所得，并分享其中的快乐。

（3）了解蚕文化和丝绸之路相关知识。

（4）家校合作共育，促进各个家庭建立良好的亲子关系。

★ 适用年级

适用于四年级。

★ 时间安排

时间为一个月（四月份或五月份）。

⭐ **实施过程**

一、课前准备

（一）教师准备

（1）召开学生和家长专项会，详细讲述本课程的意义，激发大家的参与热情。

（2）在家委会的帮助下，准备好足够分发的蚁蚕。保证每个学生都能分到至少六只。

（3）开展一节了解蚕的科普主题课，让学生初步了解蚕的生活习性及其整个生命周期生长过程。

（4）让学生了解周边桑树的分布。

（二）学生准备

（1）除了借助科普主题课初步了解蚕的特性外，还要借助电脑或通过采访有经验的人进一步了解育蚕的知识。

（2）利用周末，在家长的协助下了解周边桑树的分布，画出桑树分布示意图。

（3）每人准备几张广告纸或旧报纸、旧挂历纸、卡纸以及剪刀、胶水。

（三）环境布置

（1）制作迎接蚁蚕的课件，培养仪式感。

（2）把班级学生分成六个小组，便于讨论和交流。

二、导入新课

教师出示蚁蚕，六只蚁蚕趴在一片桑叶上。告诉学生：每位同学今天将"领养"六只蚁蚕，接下来的一个月的时间将见证它们的成长。

基于此项目，小组进行合作交流，提出自己现在和将来要面临的问题。教师予以梳理。

例如：

（1）它们这么小，像黑色的小线头一样，如何把它们带回家？

（2）它们一天需要吃多少桑叶？

（3）它们结茧时需要什么样的环境？

（4）它们的茧是如何被抽丝并做成真丝衣物的？

（5）它们能长多大？

（6）它们长大了有什么用途？

三、具体实施

教师基于学生提出的问题，引领他们自己动手进行实践探索，解决一个个问题,完成该项目课程。

(一)第一个任务

1. 任务布置和评价量规

(1)任务。

制作储藏蚁蚕的纸质小盒,趣称为"蚕室",便于把蚁蚕带回家。

(2)材料或要求。

材料:广告纸或旧报纸、旧挂历纸、卡纸。

工具:剪刀一把、胶水一瓶。

(3)评价量规。

"蚕室制作"评价量规见表3-87。

表3-87 "蚕室制作"评价量规

技法	结构	速度	小组协作	成绩
折叠规范平整,技法熟练	结构牢固	速度较快	小组互助意识强,小组协作较顺畅	A
折叠平整度一般,技法一般	结构牢固度一般	速度一般	有一定的互助意识,协作有时不顺畅	B
折叠不够平整,技法生疏	不牢固,易变形	速度较慢	成员遇到困难,无互助协作	C

注意:A代表"优秀",B代表"良好",C代表"一般"。

2. 执行任务

环节一:各小组拿出自己带来的纸、剪刀、胶水等工具。学生依据他们的喜好,参照以前美术课上学到的技能,开始制作"蚕室",形状自定。

环节二:学生制作中,遇到困难或问题时,组内相互帮助,组长起主要协调作用。看看哪一组做得又快又好。

环节三:完成后,根据评价量规评价学生个人作品和团队整体完成情况。然后把蚁蚕发放给每位学生,提示他们小心呵护蚕宝宝平安到家。

(二)第二个任务

1. 任务

开启为期近一个月的养蚕生活。其间需要完成观察、测量、记录、写观察日记、交流等各项任务。

2. 材料和工具

材料:桑叶、蚕。

工具:尺子、鞋盒子、相机或手机。

3. 评价量规

"养蚕"评价量规见表 3-88。

表 3-88 "养蚕"评价量规

吃食	蜕皮	新的"蚕室"	结茧、羽化、繁殖	图文资料（观察日记、照相）	小组协作	"瞧！我的蚕儿"成长故事大赛	成绩
测量桑叶咬痕的大小，数字记录准确	记录四次蜕皮日期，测量蚕的长度准确	利用鞋盒子制作了经济、美观、实用的新"蚕室"，还制作了便于蚕结茧的适宜、结实的小格子	准确记录茧、蛾、卵的大小、颜色和数量；小组有序将蚕茧汇集一起，放到一个透气的大纸箱里，集中观察，等待蚕羽化变成蛾子，交配并产卵	观察日记中连续、细致记录了养蚕的细节，惠及整个过程；每个环节都留存了照片并进行分类整理	养蚕期间，小组互助意识强，基于遇到的问题，小组协作较顺畅	图文结合，借助平时的观察日记和照片制作了精美的PPT，讲述生动，有数据，有真情。感悟深，能感受到满满的爱心、责任心等	A
测量桑叶咬痕的大小，记录一般	记录四次蜕皮情况一般	新"蚕室"美观度一般，小格子也一般	大体记录茧、蛾、卵的情况；小组蚕茧收集不齐，观察不够	观察日记一般，留存的照片一般	有一定的互助意识，协作有时不顺畅	PPT一般，讲述一般	B
无测量或测量不准确	没能记录好四次蜕皮情况	新"蚕室"不美观，无小格子	记录非常少或没有记录，无小组蚕茧汇集活动	观察日记不连贯或没记录，照片不全或没有	各人养各人的，无互助协作	无PPT，讲述很不理想	C

注意：A代表"优秀"，B代表"良好"，C代表"一般"。

（三）第三个任务

1. 任务

"走进蚕文化"主题活动。

2. 材料或要求

材料：关于丝绸之路等系列蚕文化资料。

实践地：龙居。

工具：网络、PPT。

3. 评价量规。

"走进蚕文化"评价量规见表 3-89。

表3-89 "走进蚕文化"评价量规

龙居实地参观访问	"我眼里的丝绸之路"小小讲解员	小组协作	成绩
观察细致,认真听讲解员讲述并善于提问	图文结合,借助网络查阅了关于丝绸之路的大量资料,制作了PPT,讲述生动	系列活动参与度高,小组合作交流效果好	A
观察一般,不太善于提问	资料一般,PPT和讲述一般	参与度一般,合作交流一般	B
观察不细致,不闻不听	资料少,无PPT,讲述不顺畅	参与度低或不参与,合作交流少或无合作交流	C

注意：A代表"优秀",B代表"良好",C代表"一般"。

四、总结反思

一个多月的时间,学生亲历蚕儿的生命成长历程,收获满满。这样的STEM项目课程,非常适宜采用表现性评价。教师借助学生养蚕过程中采桑叶、喂蚕、测量、记录数据等实际行动以及养蚕日记的撰写、走进蚕文化等,针对评价量规,及时反馈,随时反馈。在评价中,充分发挥学生们好的做法,带动更多的学生积极投身于养蚕"事业"中去。如此,本课程在精心测量、细致观察、准确记录、真情写作中,顺应、扶助和引导着每一个个体健康、和谐而又富有个性地发展,自然提升了学生的科学素养和人文素养,更大力提升了学生发展核心素养。

活动完成后,各小组进行了自主思考和反思：

(1) 我积极参与这个课程的学习了吗？

(2) 我的亮点或者创新点在哪里？

(3) 我最大的收获是什么？（或对我触动最深的是什么？）

(4) 我的观察日记写得怎么样？

(5) 我对蚕文化了解多少？

(6) 我的数据都是准确的吗？

(7) 下一步我打算怎么做？是继续寻找观察目标做进一步的观察记录还是继续深度了解蚕文化？

(本案例由周丽萍、王鹏设计)

案例五

中秋探月

★ 课程目标

通过中秋探月活动,学生了解中秋传统文化的内涵,切身体验中华民族文化的魅力,增强对中华优秀传统文化的认同感和自豪感,思考为什么月亮会有阴晴圆缺变化。学生通过动手为月相变化排序,做模拟实验来寻找月相的成因,探究月相变化的奥秘。学生们称量面粉与水的质量,选择自己喜欢的月饼图案,亲自制作月饼。本节课实现了科学、技术、数学、语文、美术、音乐、综合实践等学科融合,培养了学生的科学探究精神和动手实践能力。

⭐ 课程领域

科学、技术、数学、语文、美术、音乐、综合实践。

⭐ 项目任务

(1)运用信息科技学习月相变化的规律,根据月相形状推算农历时间。

(2)初步了解中秋节的来历、传说、习俗及相关诗歌,在活动中感受中秋节的传统文化,陶冶爱家乡、爱祖国的民族文化情操。

(3)以学生生活经验为中心,让学生了解中秋节的应景食品,进而学习月饼的制作,提高学生的动手操作和综合实践能力。

⭐ 适用年级

适用于三年级。

⭐ 时间安排

时间为160分钟。

⭐ 实施过程

任务一:明月话中秋

(1)唱中秋。以读儿歌的形式导入,激发学生的兴趣。

(2)话中秋。通过对中秋节吃月饼习俗以及关于中秋传说故事、诗歌等的了解,增强学生对中秋这个传统节日的浓厚兴趣。运用多媒体课件,让学生在兴趣盎然中走进中秋节,更全面地了解各个地区丰富多彩的节日风俗习惯。

(3)诵中秋。创设情景,让学生体验中秋节的节日气氛,通过古诗词中的悠悠深情来激发学生对传统文化的热爱。

(4)送祝福。由思亲的诗句引导学生联想到在各自岗位上辛勤工作的人们,再通过教师深情朗诵台湾诗人余光中的《乡愁》,引起学生情感的共鸣,由人圆想到国圆,发自内心地呼唤台湾早日回到祖国妈妈的怀抱。

任务二:探索月相的奥秘

(一)认识月相

(1)月亮为什么会有阴晴圆缺变化?引出月相话题,理解月亮发光源于太阳。

(2) 欣赏动态月相变化3D动画,认识到月亮在圆缺变化过程中出现的各种形状叫作月相。

(3) 再次回忆夜晚观测到的月相及月相变化。

(二) 月相变化规律

(1) 观察白板上的图片,讨论并交流月相变化的规律。

问题:你们认为月相的变化是否有规律?有什么规律?你们认为下半月的月相将如何变化?

(2) 小结:月相变化跟月球不发光、太阳照射、月球围绕地球公转有关。月相变化是有规律性的,农历上半月由缺到圆,下半月再由圆到缺。

(三) 月相名称分类

(1) 歌谣导入,认识典型的月相名称,以及农历相对应的时间。

(2) 利用动图反复巩固月相名称以及相对应的农历时间。

(3) 利用白板为月相排序。

(四) 画月相

(1) 在白板演示和教师现场演示下学生以小组为单位画月相,并制作月相变化规律图。(教师给每个小组7张相同大小的圆纸片,请学生在纸上画月相,然后把它们剪下来)

(2) 学生分小组共同在黑板上按照农历时间为月相排序。

(3) 拓展:月相变化排列可以根据观测的不同方式具有不同的排列组合形式。

(五) 走向实践

师:同学们,我们学习科学不仅要从课堂上学习、书本上学习,还要从实践中学习。今天老师布置一项观察作业:观察并记录一个月的月相变化。看看我们今天学习的内容和真实情况是否一样。(用课件展示发给学生的月相观察记录表)观察过程中,尽量每天固定在同一时间观察。相信大家在实际的观察中会有更多的发现和收获。

任务三:月饼制作之旅

(一) 活动准备

教师准备不同造型的月饼图,并掌握月饼的制作方法,并准备制作月饼的材料、工具等。

学生通过多种方式,了解月饼的制作方法。

(二)学习方法,掌握要领

(1)学生以小组为单位交流自己了解的制作月饼的方法。

(2)学生汇报。

(3)教师在学生交流的基础上,总结制作月饼需要的工具、材料。

工具:月饼模子、蒸笼、面板等。

材料:面粉、豆油、碱水、豆沙馅、鸡蛋、转化糖浆等。

(4)学习制作方法。

① 称量面粉与水。

② 教师讲解并示范月饼的做法:先将面揉好,用手团、压,然后包馅,一手托皮,一手沿皮的边缘包上、捏紧。再将包好的面团放入模型中,摁一下,然后磕出来。最后将做好的月饼放入厨房内的蒸笼里蒸熟。

(三)制作月饼,快乐实践

(1)学生以小组为单位一起制作月饼。

(2)教师提出活动要求:注意安全,友好合作,讲究卫生,大胆创新。

学生制作月饼。教师巡回指导,教会学生团、压、捏、刻、印等技能,并引导学生做出各种各样的不同形状、不同花纹、不同颜色的月饼来。

(3)教师带领学生边唱《爷爷为我打月饼》的歌曲,边把自己制作的月饼放入蒸笼里。

(四)交流体验,分享收获

(1)师生一起交流,欣赏自己的作品,体验成功的喜悦。

(2)组织交流:制作月饼过程中你们遇到了什么问题?是怎样解决的?你们有什么感想?有哪些体会和收获?谈一谈。

(五)品尝月饼,送出祝福

学生品尝自己制作的月饼,谈一谈感受,并把月饼送给家人、好友以表达对他们的美好祝福。

★ 课程评价

评价对学生在情感、能力、知识诸方面的发展变化起着激励作用。本课程评价对学生采用形成性激励评价方式,注重学生主体参与实践的过程以及在这一过程中所表现出来的积极性、合作性、实践能力和创新意识。在实践中,我们采用自评、组评、师评多元评价的方式,评价与反思相结合,关注学生的个体发展。

"中秋探月"主题课程学生评价记录单见表3-90。

表3-90 "中秋探月"主题课程学生评价记录单

姓名：_____　　　　　　时间：_____

评价内容		自评	组评	师评
参与态度	积极主动探究月相的奥秘	☆☆☆	☆☆☆	☆☆☆
	认真学习制作月饼的方法，并有创意	☆☆☆	☆☆☆	☆☆☆
	积极进行数学思维	☆☆☆	☆☆☆	☆☆☆
创新精神	根据月相推断农历时间	☆☆☆	☆☆☆	☆☆☆
	月饼制作过程中，造型、图案富有创意	☆☆☆	☆☆☆	☆☆☆
	积极探索分数比较大小的基本方法	☆☆☆	☆☆☆	☆☆☆
协作精神	认真搜集资料，乐于合作交流	☆☆☆	☆☆☆	☆☆☆
	做月饼过程中服从组长安排，与组员合作愉快	☆☆☆	☆☆☆	☆☆☆
	小组合作完成月饼制作	☆☆☆	☆☆☆	☆☆☆
能力提高	知道中秋节的文化内涵	☆☆☆	☆☆☆	☆☆☆
	知道月相的变化规律	☆☆☆	☆☆☆	☆☆☆
	学会月饼制作的方法	☆☆☆	☆☆☆	☆☆☆
	知道分数各部分的名称，会读、会写简单的分数，能进行简单分数的大小比较	☆☆☆	☆☆☆	☆☆☆
自我反思	我的收获：			
	我的感受：			
	我还需努力的地方：			
教师总评				

说明：每位学生都有一张评价表，在活动结束后进行自评、组评、教师评，能够做到的程度在相应星星上涂上颜色，并进行自我反思。教师就学生表现给予综合评语及改进的建议。

★ 课程反思

"中秋探月"STEM课程，学生学习的不再是单一的某科知识，而是一次综合性的学科知识建构，这不仅让学生探究了科学知识、人文知识，还在探究中动手实践。在这节STEM课上，学生兴趣高昂，所获得的知识非常丰富，思维得到放飞，创新能力和动手能力得到培养。

这节STEM课不仅让学生了解了中秋传统文化的内涵，切身体验了中华优秀传统文化的魅力，增强了他们对中华优秀传统文化的认同感和自豪感，还让他们在动手实践中学会了分享，学会了合作，体验了课程带来的乐趣，为以后更好更全面地发展打下坚实的基础。

（本案例由陈伟玲设计）

参考文献

[1] 赵中建.美国中小学STEM教育研究[M].上海:上海科技教育出版社,2017.

[2] 赵中建.美国STEM教育政策进展[M].上海:上海科技教育出版社,2015.

[3] 罗伯特,玛丽,詹姆斯.基于项目的STEM学习:一种整合科学、技术、工程和数学的学习方式[M].王雪华,曲梅,译.上海:上海科技教育出版社,2016.

[4] 埃里克.在课堂中整合工程与科学[M].周雅明,王慧慧,译.上海:上海科技教育出版社,2015.

[5] 玛格丽特,大卫.设计、制作、游戏:培养下一代STEM创新者[M].赵中建,张悦颖,主译.上海:上海科技教育出版社,2015.

[6] 陈如平,李佩宁.美国STEM课例设计:小学卷[M].北京:教育科学出版社,2018.

[7] 王素,李正福.STEM教育这样做[M].北京:教育科学出版社,2019.

[8] 西安高新国家学校.基于本土实践探索的STEM课程教学案例[M].西安:西安交通大学出版社,2019.

[9] 中华人民共和国教育部.义务教育小学科学课程标准[M].北京:北京师范大学出版社,2017.

[10] 教育部基础教育课程教材专家工作委员会.义务教育小学科学课程标准解读[M].北京:高等教育出版社,2019.

[11] 赵中建.STEM:美国教育战略的重中之重[J].上海教育,2012(11):16-19.

[12] 余胜泉,胡翔.STEM教育理念与跨学科整合模式[J].开放教育研究,2015(04):13-22.

[13] 曹培杰.STEM教育的常见误区与对策[J].中小学数字化教学,2018(07):60-62.

[14] 曹培杰.STEM 教育的关键：跨学科、灵活课时与深度学习[J].中小学管理，2018（10）：31-33.

[15] 田慧生.推动 STEM 教育已成为世界性教育发展趋势[J].现代教育，2017（07）：1.

[16] 王素.构建 STEM 教育新生态[J].中小学数字化教学，2018（09）：4-7.

[17] 王殿军.STEM：好理念怎样变成好课程[J].课程教材教学研究（中教研究），2019（Z2）：44.

[18] 王殿军.新高考背景下的 STEM 教育：清华大学附属中学科技教育的探索与实践[J].今日教育，2018（Z1）：86-89.

[19] 李佩宁.什么是真正的跨学科整合：从几个案例说起[J].人民教育，2017（11）：76-80.

[20] 陈晓慧，徐彬，张哲，Jennifer Jing Zhao.STEM 教育研究与实践的理念与路径：访不列颠哥伦比亚大学科学教育专家 Samson Nashon 教授[J].中国电化教育，2019（04）：1-4+22.

[21] 蔡小瑛，蔡潇，刘徽.项目式学习：一种风靡全球的创新学习方式[J].上海教育，2020（26）：28-33.

[22] 杨金燕.项目式学习的特点[J].课程教材教学研究（中教研究），2017（Z4）：36.

[23] 罗滨.项目式学习给学生带来了什么[J].北京教育（普教版），2018（08）：26-27.

[24] 赵楠，裴新宁.问题式学习和项目式学习[J].上海教育，2019（07）：72-74.

[25] 王淑娟.美国中小学项目式学习：问题、改进与借鉴[J].基础教育课程，2019（11）：70-78.

[26] 姜思宇.区域 STEAM 教育现状、问题及对策[J].现代教育，2019（18）：4-6.

[27] 胡卫平，首新，陈勇刚.中小学 STEAM 教育体系的建构与实践[J].华东师范大学学报（教育科学版），2017（04）：31-39.

[28] 杨元魁，叶兆宁.突破 STEM 教育中科学与工程的链接难题：基于工程问题解决的教学模式[J].人民教育，2018（10）：57-62.

[29] 黄子义，陈瑶，李仰珊.STEM 教育背景下的小学科学教育研究[J].新校园，2017（01）：1.

[30] 李百军.小学阶段 STEM 教育本土化实践策略研究：以东营市小学为例[J].现代教育,2020(08)：21-23.

[31] 赵丽斌."体育发明家"的多彩教育梦：记昆明市官渡区白汉场中心学校教师毕首金[J].云南教育(视界综合版),2019(Z2)：4-7.

[32] 丁林,杜玉霞.从美国 STEM 教育的发展看中国 STEM 教育[J].中国信息技术教育,2016(Z2)：21-29.

[33] 邓睿.STEM 教育热的冷思考：读《中小学 STEM 教育丛书》[J].上海教育,2016(31)：80-81.

[34] 万伟.STEM 教育热的冷思考[J].江苏教育,2020(01)：1.

[35] 吴向东.课程内容设计的五个来源[N].中国教师报,2019-03-27(06).

[36] 李群.STEM 课程的本土化改造[N].中国教师报,2019-03-27(06).

[37] 教育部办公厅.关于"十三五"期间全面深入推进教育信息化工作的指导意见(征求意见稿)[Z].2015.

[38] 中国教育科学研究院.中国 STEM 教育发展白皮书[Z],2017-06-20.

[39] 教育部教育管理信息中心,北京师范大学,北京国信世教信息技术研究院.中国 STEAM 教育发展报告：起点篇[Z].2017-03-01.

[40] 中国教育科学研究院 STEM 研究中心.STEM 教师能力等级标准(试行)[Z].2018-05-08.

[41] 教育部.教育部关于实施全国中小学教师信息技术应用能力提升工程 2.0 的意见[Z].2019-03-20.

[42] 中国教育科学研究院 STEM 教育研究中心.中国 STEM 教育调研报告(简要版)[R].北京：2019-10.

[43] 国务院.全民科学素质行动规划纲要(2021—2035 年)[Z].2021-06-03.

[44] 啥是佩奇？爷爷操盘的一个 STEM 项目[EB/OL].https：//www.sohu.com/a/291190729_100053096

[45] 金可泽.跨学科项目学习设计与实施机制：美国 STEM 课堂教学观察与启示[J].上海教育科研,2020(04)：12-17.

[46] 杨明全.论 STEM 教育的本土化建构：内涵、价值及实践探索[J].现代远程教育研究,2024,36(01)：39-45+53

[47] 教育部.关于印发义务教育课程方案和课程标准(2022 年版)的通知[EB/OL].http：//www.moe.gov.cn/srcsite/A26/s8001/202204/t20220420_619921.html.

［48］刘可钦.实施新修订的课程方案和课程标准 重在提升学校实践转化力［EB/OL］.http://www.moe.gov.cn/fbh/live/2022/54382/sfcl/202204/t20220421_620067.html.

［49］吴鹏泽.探索跨学科主题学习的实践路径［N］.中国教育报,2022-11-04(9).

［50］宋时春.跨学科主题学习如何引领育人方式变革［EB/OL］.2022-11-15.http://news.enorth.com.cn/system/2022/11/15/053336503.shtml.

后 记

沟通交流、创造创新、合作协作、批判性思维是未来社会所需要的技能,而主张跨学科融合学习的STEM教育正是得到广泛认可的、提高和培养学生这些综合素质能力的重要途径。

近年来,人工智能教育、数字教育发展迅猛。紧跟人工智能技术发展和教育数字化转型时代步伐,积极推动STEM教育与人工智能教育、数字教育深度融合,提高教师现代化教育素养和能力,提升中小学生的创新性思维能力、逻辑性思维能力和批判性思维能力,赋能智慧教育发展,推进教育现代化强国建设,成为当今教育的最强音。

我们作为一个团队,系统认识、学习、研究和实施STEM教育已经五年了。认识STEM教育从2018年中国教育科学研究院STEM教育研究中心组织开展"中国STEM教育2029行动计划"STEM教育研究课题申报开始。自2018年从接触STEM教育理念后,就深深地感觉到STEM教育必将成为推动青少年科技创新精神和创新能力培养的重要途径之一,必将为教育教学改革注入一股新的清泉。五年多来,无论是从对STEM教育国内外发展的追根溯源,还是到积极开展小学STEM教育的研究和实践探索,课题组全体成员深入学习、实践和探索,认真梳理、总结研究成果,对STEM教育有了深刻的认识和理解,为落实《义务教育课程方案和课程标准(2022年版)》和开展跨学科主题学习打下了坚实基础。

五年多来,以STEM教育课题研究为统领,通过东营市STEM教育协作联盟学校、跨学科教研、STEM教育案例设计与实施等,培养了一批熟悉STEM教育理念、乐于开展STEM教育实践的优秀教师团队,积累了大量的课题研究的过程性资料,提升了学生动手实践创新能力,积极推动了STEM教育在中小学教育中的落地、生根、发芽、结果。

孟庆福、周丽萍、尹来刚、赵晓波、徐伟敬、孙毅楠、郭玲、陈伟玲、单鹏、王娜娜、王舒惠、薛永梅等老师为本书提供了部分案例并参与书稿校对,在此表示感谢!

在编写本书过程中，Internet 提供了丰富的网络资源和学习资料，在此对那些提供资料的网站和作者们表示衷心的感谢。

限于时间和水平，本书还存在诸多不足之处，敬请读者批评指正。

李百军

2024 年 2 月